21 世纪高等职业教育文秘类精品教材——任务驱动与项目导向系列

情景化——秘书技能综合实训

向　阳　韩开绯　主　编

陈倩倩　董丽华　姚凌云　副主编

電子工業出版社

Publishing House of Electronics Industry

北京 • BEIJING

内 容 简 介

本书根据编者多年的教学实践和企业经验，针对高校教师实践经验较少、学生动手能力较弱等问题，以建构主义学习理论为指导，脱离传统课堂的束缚，把秘书技能学习架设在特定的职场情景中，设置秘书招聘与入职基础、公司组建与团队建设、商务活动与客户关系、会议组织与活动策划、信息工作与宣传展示五大学习模块，采用情景式任务实训的方式，训练学生写文、办会等各种组织、协调与沟通的综合素质和能力。全书以职场故事贯穿前后，让学生在真实职场的氛围下，将所学的知识进行灵活运用，实现从学生到职业人的转变。

本书可作为高等职业院校、高等专科学校、成人高校、民办高校及本科院校举办的二级职业技术学院文秘专业的教学用书，也可作为社会从业人员的业务参考书和培训教材。

图书在版编目（CIP）数据

情景化：秘书技能综合实训 / 向阳，韩开绯主编. —北京：电子工业出版社，2020.11
ISBN 978-7-121-37723-5

Ⅰ. ①情⋯ Ⅱ. ①向⋯ ②韩⋯ Ⅲ. ①秘书学－高等职业教育－教材 Ⅳ. ①C931.46

中国版本图书馆 CIP 数据核字（2019）第 237886 号

责任编辑：贾瑞敏
印　　刷：北京捷迅佳彩印刷有限公司
装　　订：北京捷迅佳彩印刷有限公司
出版发行：电子工业出版社
　　　　　北京市海淀区万寿路 173 信箱　邮编 100036
开　　本：787×1 092　1/16　印张：11.5　字数：294.4 千字
版　　次：2020 年 11 月第 1 版
印　　次：2024 年 8 月第 5 次印刷
定　　价：39.80 元

凡所购买电子工业出版社图书有缺损问题，请向购买书店调换。若书店售缺，请与本社发行部联系，联系及邮购电话：（010）88254888，88258888。

质量投诉请发邮件至 zlts@phei.com.cn，盗版侵权举报请发邮件至 dbqq@phei.com.cn。

本书咨询联系方式：（010）88254019，jrm@phei.com.cn。

序

——青春无悔、师恩无价

向阳老师在不久前告诉我，他打算做一套 3D 的游戏教材给文秘专业教学使用。我直觉此事不可行。原因之一，这样的构想，很多年以前就有人找我谈过；甚至还做了一个完整的企划方案给我看。但是，我认为即使花了大价钱，做出给秘书的教学游戏，也不会有人玩。所以，劝他们放弃。原因之二，要搞这样的模板和 App，其实挺费劲的，必须有人先做一个剧本，贯穿全剧；必须很有趣，能“吸睛”，大家爱玩，也有教育意义。这个过程牵涉的专才不会少，制作者不仅要懂得戏剧、游戏，还要懂得文秘专业的真正需求。

但是，就在我赴日本演讲的一个傍晚，向阳老师说他的书已经写好了，游戏也在进行中。我不得不翘起大拇指，说一个“赞”。

这样一本书（加游戏）会让年轻人有什么感觉呢？这是我所想到的第一个问题。首先，会给同学们一个大惊喜，老师们居然可以为秘书工作编出这个游戏。虽然，我还没有看到游戏版呈现，也没有试着玩玩看，不过这也是国内的创举——将秘书学搬上屏幕。其次，这当然是一种教学突破。众所周知，国内的高校在秘书学这个领域的人才虽然是济济多士，不过大多偏向学术理论。甚至可以说，多数老师从来没有从事过一天秘书工作，却教了一辈子的秘书学。这种照本宣科式的教学，在应用类别的秘书学上，显然有所欠缺。现在这一本《情景化——秘书技能综合实训》应当可以大大弥补理论之不足。

这是一个创新，也是一个集体智慧的结晶。我共担任过十七年秘书工作。对秘书的教学，也超过三十年。深知秘书工作是很繁杂而又专业的任务。比方说，媒体所招聘的秘书，与高科技公司所招聘的秘书，所需要的素质和能力是非常不同的。事业单位的秘书所从事的工作，与外资企业的秘书工作，也几乎是两码事。我在过去这些年，问过很多世界 500 强企业的秘书，她们几乎没有从事过办文、办事、办会，因为那些工作有其他人分劳。取而代之的，她们很可能会需要替外国老板的小孩找一所好学校，甚至帮忙做保姆。

这就是秘书，一个多面手。随时应付各种状况的角色，要做好实在不容易。如果有很多的案例、许多过来人的经验分享，对于未来想担任秘书或目前正在秘书岗位上的人来说，都是很好的营养品。书本上的理论，可以作为基本的铺垫，真正需要的，还是能每天在岗位上打硬仗的实力。

至诚感谢向阳老师和他的团队，完成一个先锋式的教学方法的开创。也恭喜大家在中国的文秘专业教学领域内，又大大地向前迈进了一步。

石咏琦于北京

前言

视频 课程简介

视频 实训软件简介

秘书工作是一项极具挑战性的工作，其工作内容、工作环境、工作要求、工作对象千差万别，即使同一家企业，不同部门对秘书人员的要求也不尽相同，所以如何培养合格的职业秘书一直是秘书教学中的一个难题，也是秘书学界一直热议的话题。经过多年的尝试，我们决定脱离传统课堂的束缚，以建构主义学习理论为指导，把文秘专业学习的空间架设在特定的职场情景中，让学生提前步入职场真实的氛围中，去学习、去思考、去体验、去实践，将所学的知识进行灵活运用，在课程学习的过程中逐步靠近秘书工作岗位，实现从学生到职业人的转变。

早在2008年，广东科学技术职业学院文秘专业就开设了“秘书技能综合实训”的课程，该课程完全采用任务式教学，让学生在两年多的专业学习的基础上，凭借自己所学的专业知识和专业技能来解决一些综合性的实际问题。这种尝试让我们对如何引导学生、对课程内容都积累了一些经验。特别是近年来在建构主义学习理论的指导下，我们将该课程进行了升级改造。根据建构主义学习理论，学生的知识学习包括初级知识学习与高级知识学习两个阶段。初级知识学习阶段为入门性学习，其方式主要是接受、理解和记忆，其内容是结构良好的学科知识，由事实、概念、原理或定律组成，彼此之间存在着严密的逻辑关系和层次结构；高级知识学习阶段是通过大量反复的案例分析和实际问题解决活动，来把握同一案例中各知识之间关系的复杂性、不同案例中同一知识的意义和用法的差异性，从而达到灵活应用知识、推导新知识和广泛迁移知识的目的。同时，学生的学习，不仅仅是简单的信息输入、加工、存储和提取，也是学习主体主动建构的过程，更是在个体、群体和社会的交互中持续丰富、充实、改进和累积的过程。通过新旧经验的双向相互作用，实现同化和顺应的统一，由此来完成知识的再生和创造。

“秘书技能综合实训”正是一门文秘专业学生的高级知识学习课程，是以学生原有的知识经验和技能为基础，通过设定秘书工作的职业情景，促进学生与学生、学生与老师之间的互动、交流及相互影响，借助老师、学习伙伴等的支持和协助，利用教材、文字资料、音像资料、多媒体课件、学校自主学习中心的资源库等学习素材，以多种意义建构起学生必备的职业认知和职业技能。

基于以上认识，我们决定编写这本《情景化——秘书技能综合实训》作为该课程及其他文秘专业实训课程的配套教材。本书分为五大模块，全部采用情景式任务的实训方式，努力为学生营造一个相对真实的企业环境，让学生在实践中完成知识的迁移和内化。在本书的筹备过程中，我们得到中创慧文科技（北京）有限公司（以下简称中创慧文）的大力支持，双方现已联手开发出一套3D“职业秘书情景化训练”的软件来作为本书的配套资源。该软件以本书的故事框架为主线，采用任务闯关游戏的模式，带领学生（同时也是游戏者）走进秘书角色，从而实现自己的职业梦想。

本书是以故事为主导、以企业的真实背景为基础、以仿真任务为训练方式、以绩效管理为推力、以3D软件为配套资源的立体教材，这种模式在全国文秘专业的教材中属于首创，我们希望通过这样的努力为文秘专业的学习带来一个全新、有趣、生动的教学方式改革，让文秘及相关专业的学生享受“做中学”“玩中学”的新型教学模式。

本书作者是多年从事文秘专业教学和研究的专家，河源职业技术学院韩开绯教授编写了模块二、三，广东科学技术职业学院向阳副教授编写了模块一、四、五；番禺职业技术学院的伍岂莹老师，广东科学技术职业学院王桂梅老师、董丽华老师、陈倩倩老师、姚凌云老师，河源职业技术学院张智老师、罗丽丽老师也参与了本书的编写工作。本书也得到中创慧文等公司的教育专家、课程开发专家和技术专家的鼎力支持，是一本名副其实的校企共建、工学结合的立体化教材。

在此特向支持本书写作并在百忙之中为本书作序的亚洲秘书学会荣誉主席、中华专业秘书协会会长、前亚洲秘书学会理事长石咏琦老师表示感谢和敬意；向对本书做出重大贡献的中创慧文的郭向阳总经理、周茉老师表示衷心的感谢；此外，本书在编纂过程中也参考了部分国内学者的研究成果，在此一并表示感谢。

向　阳

目　　录

主要人物介绍

郑总，阳光公司总裁。

李洛寒，阳光公司行政总监，摩羯座，严谨刻板，稳重老成的成功男士。做事认真，要求严格，虽然有时会给人严肃呆板的印象，但是为人正直厚道。

周桐希，阳光公司分管研发的副总，射手座，生性乐观开朗，热情奔放，崇尚自由，反应灵敏，极具创造力。说话直接，率性而为，又极具豪气，作风非常洒脱。

何雨竹，阳光公司行政部经理，天秤座，气质美女，属迷人优雅派，谈吐应对得体，善于与人沟通协调。

余安妮，阳光公司行政秘书，后任办公室主任助理，水瓶座，个性浪漫，性格开朗，思想超前，理性自重，注重于精神层次的提升。作为一个初入社会的女孩，她虽然不爱受约束，但对工作充满热情，渴望上进，乐于助人，努力完成上司交待的任务。

朱槿，阳光公司实习生，双子座，思维跳跃，口齿伶俐，鬼点子多，常语出惊人，但做事有点三心二意，情绪起伏多变，容易出错。

陈雅儿，阳光公司行政部经理助理，后任人力资源部经理。

郭中汇，阳光公司人力资源助理，资深 HR。

模块一

秘书招聘与入职基础

任务一　简历制作

实训准备

模　块	一	任务编号	1-1	任务名称	简历制作
实训课时	4	实训地点		指导教师	
实训学生					
实训目的	掌握秘书类岗位简历的制作				
提交资料	1. 个人简历 2. 秘书岗位分析				

实训案例

余安妮是A科学技术大学文秘专业的一名大三学生。又到了一年毕业季，她计划应聘一份企业秘书的工作，虽然在学校里她也参加过一些社会实践活动，但是毕竟对职场没有太多的了解，所以余安妮一直在忐忑中，既渴望早点找到自己喜欢的工作，又有些莫名的恐惧。

最近为了求职，余安妮没少看各种招聘广告，她对公司秘书这一岗位的定位、职责、工作范围和要求渐渐有了一个清晰的认识。

这一天，她看到这样一段招聘信息：

公司行业：批发/零售

公司性质：民营公司

公司规模：500～1000人

职位信息：

更新日期：20××年×月×日

工作地点：广州

招聘人数：1人

学　　历：大专

薪水范围：8000～10000元/月

职位描述：

1. 协助总经理，制定、实施公司年度经营计划。

（1）根据公司的经营目标，协助总经理撰写年度经营计划，并根据内外环境变化进行调整；

（2）协助总经理监督、控制经营计划的实施。

2. 将各部门需报送总经理审批的文件，进行编号，同时报送总经理进行审批。

3. 协助起草总经理日常公文、报告等相关文书资料，撰写销售分析报告；协调各部门间的关系，促进相关工作的推进等。

4. 总经理日常行程的协调、安排。

5. 来访客户接待、来函等情况处理。

6. 负责总经理会务的组织安排、会议纪要的编写，并对决议事项进行催办、查办和落实。

7. 协助总经理起草公司年度、月度工作总结，备忘录，规章制度等，起草总经理讲话稿。

岗位要求：

1. 具备较强的沟通能力，优秀的写作能力、商务谈判能力、组织协调能力。

2. 精通财务管理、金融、企业管理及相关法律等方面的知识。

3. 掌握 Office 办公软件，能熟练进行文档、表格、图形、数字等处理。

4. 3 年以上同等职位管理经验。

实训任务

任务列表

1. 每位同学根据自己对秘书岗位的理解，以及自身的特点，完成一份个人应聘简历的制作。

2. 小组成员一起讨论，然后请根据该公司总经理秘书的招聘广告撰写该公司“前台文员”招聘广告，并根据秘书职位特点撰写职位描述及岗位要求。

3. 老师根据同学自荐或其他同学推荐，选择两位同学作为总经理人选。如果有意愿的人数比较多也可以采用公开竞聘的形式进行选拔。

任务要求

1. 每位同学根据任务完成纸质版个人简历的制作。简历应内容完整、特点突出，体现出自身一定的专业性和竞争力。

2. 现场完成“前台文员”招聘广告的制作，每组派一名代表在班上进行交流。

3. 选出的总经理及时与老师沟通，了解本课程的主要任务和要求。任课老师和两位总经理组成“集团董事会”，负责处理课程进行中的各种问题和争议。

知识回顾

（一）秘书岗位描述

职位描述是企业招聘信息中最为重要的内容，也是求职者最为关注的部分。通过职位描述，求职者可以了解拟应聘职位的基本信息，分析判断自己是否对其感兴趣、自己是否适合这个职位。因此，职位描述对求职者在应聘之前了解工作内容和判断自己能否胜任起着至关重要的作用。

职位描述的内容包含两个方面：岗位职责和任职要求。

岗位职责，是指反映一个岗位要求员工完成的工作内容及应当承担的责任范围。

任职要求，是指完成该岗位工作内容所要求的最低任职资格及在此基础上能够具备的理想条件。它由行为能力与素质要求两部分组成。其中，行为能力包括任职人员的知识、技能和经验等，素质要求则是指任职人员的个性、兴趣偏好、价值观、人生观等。

1. 秘书的称谓及种类

社会上对秘书人员的各种称谓有打字员、文秘、内勤、文书、文员、办公室主任、××主管（培训主管和业务主管）、××助理（人事助理和执行助理）等。我们在搜索招聘广告的时候要学会设置关键词。

秘书的种类按功能可分为参谋型、文字型、办事型、技术型、公共关系型、财经型、综合型、法律型、涉外型等；按所从事的工作内容可分为文字秘书、机要秘书、信访秘书、通信秘书、事务秘书、生活秘书等。

2. 秘书的岗位职责

虽然秘书的种类和等级有许多，但是秘书工作大致是围绕以下 5 个方面的内容展开的。

（1）日常事务办理。日常事务办理，是指秘书人员的工作涉及办公室环境管理、印章等用品管理、常用设备管理、办公室日常事务处理、来访接待、安排服务、日程管理等。

（2）文书工作。文书工作，是指秘书人员的工作涉及文件撰拟、修改、印制、校对、装订、寄发等发文工作；登记、分拣、拟办、传阅、办理等收文工作；整理、立卷、归档、保管、利用等文书档案的处理工作。

（3）会议管理。会议管理，是指秘书人员的工作涉及会前的筹备工作，会议期间的事务服务，会后的落实、整理和信息反馈工作等。

（4）信息工作。信息工作，是指秘书人员的工作涉及各种相关信息的收集、处理、传递、存储、提供利用、反馈等。

（5）参谋辅佐。参谋辅佐，是指秘书人员的工作涉及为领导决策出谋献策，提供参考方案及有关依据，督促、检查领导交办、批办事项的落实情况，发现决策实施中的不足与偏差，并及时反馈。

3. 秘书的任职要求

秘书工作的复杂性、多样性和秘书活动的丰富性、广泛性，需要秘书人员具有多种能力。

（1）写作能力。这里具体是指公文和事务应用文的写作能力。秘书人员要写好公文和事务应用文，应具备语法、修辞、逻辑知识，应掌握大量的词汇和不同的句式，应熟悉公文和事务应用文文体知识，应掌握常用汉字和简化字写法，应掌握标点符号的用法，并通过长期实践，将这些知识综合起来转化为写作能力。秘书人员还要练习书法，虽不必成为书法家，但要把字写得端正、匀称、流利。

（2）口头表达能力。秘书人员不仅要具备较好的写作能力，还要具备较强的口头表达能力。秘书人员要能说一口标准而且流利的普通话（某些秘书人员需要掌握方言或外语），要口齿清晰、说话不紧不慢、有条有理；要多思考，说话前要善于打腹稿，不要信口开河、滔滔不绝，也不能沉默寡言、问一句答一句。

（3）听知能力。秘书人员要善于耐心倾听和正确理解别人的发言，要能从别人冗长、反复的发言中找出要领，或者从众说纷纭、各抒己见中抓住重点，还要能将其转化为清晰、简明的意思并加以复述。

（4）阅读概括能力。秘书人员要善于阅读，既要善于精读，又要善于快读和泛读，能够迅速把握文章的核心和内容。

（5）社交活动能力。现代社会中的秘书人员不再是整天坐在办公室里整理文件或伏案写作，而是经常要参加各种社会活动，外出联系工作，调查情况，收集信息，进行协调，参加各种会议、会谈或宴会，甚至参加外事活动。所以秘书人员必须具有一定的社会活动能力，懂得各种场合的礼仪、礼节，善于待人接物，善于处理复杂的人际关系。

（6）协调能力。秘书人员要善于发现企业与企业之间、部门与部门之间工作上的矛盾和不平衡；要善于发现领导与领导之间、领导与员工、员工与员工之间的矛盾和误会，并及时进行沟通、协调。

（7）观察分析能力。秘书人员在工作中要于观察，善于发现“死角”，及时提醒领导注意，要善于做拾遗补阙的工作；不仅要善于发现问题，而且要善于分析问题，提出解决问题的办法供领导择用、实施。

（8）应变能力。秘书人员要有遇急不慌、临危不惧、处事冷静的应变能力，处理问题既要符合处理问题的原则，又要具有一定的机动性和灵活性。

（9）使用办公设备的能力。凡是办公需要的办公设备，秘书都应学会使用，如电话机、录音机、音响、照相机、录像机、复印机、打字机、电子计算器、传真机、网络通信设备等。

（10）预测能力。有经验并富有创造精神的秘书人员应培养和锻炼自己的预测能力，这有助于其进行主动服务和预防工作中出现差错。

（二）秘书岗位匹配度测试

对于一个文秘专业的学生，有必要问问自己：究竟是否适合做一名出色的秘书？与秘书岗位的要求还有哪些差距？这些问题不能仅以“我喜欢”“我愿意”“可能吧”“到时候再说”等答案来应付，在步入职场之前，如果能够对自己与秘书岗位的匹配度做出较为准确的评判，不仅能够提升自信，还能够根据自身特点扬长避短，迅速适应未来的工作岗位。

1. SWOT 分析法

可以借用态势分析法，即 SWOT 分析法，对自己进行一个基本的分析。

态势分析，就是将与研究对象密切相关的各种内部的优势、劣势和外部的机会、威胁等，通过调查列举出来，并依照矩阵形式排列，然后用系统分析的思想，把各种因素相互匹配起来加以分析，从中得出一系列相应的结论。

S——Strength，优势　　W——Weakness，劣势

O——Opportunity，机遇　　T——Threat，威胁

其中：S、W 是内部因素，即自身的特点；O、T 是外部因素，即环境因素。

如果能够将自己未来工作岗位的这四个方面分析清楚，就容易明确自己的目标和策略。

2. 霍兰德职业兴趣测验

为了更好地了解自己是否与秘书岗位相匹配，还有哪些地方需要改进和加强的，我们可以通过一些职业能力的测试，来科学地考量自己的职业能力特点。目前职业能力测试的方法有很多，其中霍兰德职业兴趣测验是一项世界公认的比较权威的职业能力测验。

霍兰德职业兴趣测验是美国著名职业指导专家约翰·霍兰德发明的，经过了多次大规模的实验研究，是一种人格类型与职业类型测验的工具。该测验能帮助被测试者发现和确定自己的职业兴趣和能力专长，从而科学地做出求职择业的决定。霍兰德认为具有某一特定人格的人，会对同一类型的工作（环境）产生兴趣，从而令人格与工作环境相互匹配。

霍兰德把把人格类型分为：现实型、研究型、社会型、传统型、企业型、艺术型6种，具体介绍如下。

（1）现实型（R）：偏好需要技能、力量、协调性的体力活动。人格特点：害羞、真诚、持久、稳定、顺从、实际。职业范例：机械师、钻井操作工、装配线工人、农场主等。

（2）研究型（I）：偏好需要思考、组织和理解的活动。人格特点：分析、创造、好奇、独立。职业范例：生物学家、经济学家、数学家、新闻记者等。

（3）社会型（S）：偏好能够帮助和提高别人的活动。人格特点：社会、友好、合作、理解。职业范例：社会工作者、教师、议员、临床心理学家等。

（4）传统型（C）：偏好规范、有序、清楚、明确的活动。人格特点：顺从、高效、实际、缺乏想象力、缺乏灵活性。职业范例：会计、业务经理、银行出纳员、档案管理员等。

（5）企业型（E）：偏好能够影响他人和获得权力的言语活动。人格特点：自信、进取、精力充沛、盛气凌人。职业范例：法官、房地产经纪人、公共关系专家、小企业主等。

（6）艺术型（A）：偏好需要创造性表达、模糊、无规则可循的活动。人格特点：富于想象力、无序、杂乱、理想化、情绪化、不实际。职业范例：画家、音乐家、作家、室内装潢设计师等。

一般来说，CSA或CER类型的人，比较适合做秘书、图书管理员、办公室办事员。

需要说明的是，职业能力测验只能帮助你增加对自己特征的了解，以便更好地适应未来的工作。影响一个人的成长和发展的因素还有很多，要做好秘书工作，除充分了解自身特点之外，还要借助专业学习、技能训练和环境，扬长避短、取长补短才能在职场上得心应手。

职业能力倾向测验

（三）秘书岗位简历制作技巧

1. 简历的基本内容

标准简历主要包括以下基本内容。

（1）基本情况。基本情况包括求职者的姓名、性别、出生日期、婚姻状况、联系方式等。求职者的姓名、地址和联系方式应写在简历的顶端，以方便招聘方能第一时间联系到自己。

（2）求职目标。紧随姓名、地址和联系方式后的便是求职者的求职目标。目标的填写要简明扼要，要清楚表明求职者求职的职位、薪水、福利或其他要求。

（3）教育背景。教育背景是指求职者按时间顺序列出初中至最高学历，就读的学校、专业、学习的主要课程，所参加的各种技能培训。在填写教育背景时，求职者应当把最近获得的学位或最高学历写在前面。一般方法是写清学校名称、专业及毕业时间。假如求职者目前仍在校就读，还应写上将按计划毕业的时间。另外，求职者还应将与所应聘的职位相关的主要课程或自己所获得的荣誉在求职简历中一一体现出来。

（4）实习/工作经历。实习/工作经历是指求职者按时间顺序列出自己参加实习/工作至今所有的就业记录，包括公司/单位名称、职务、就任及离任时间。应突出所任职位的职责、工作性质等。需要注意的是，这部分内容是求职简历的精髓部分。

（5）其他。其他内容包括求职者的个人特长及爱好、其他技能、所参加的专业团体、所出版的作品、证明人等其他需要说明的内容。

当然，宗教信仰、种族、身高、体重、血型、健康状况、家庭信息及家庭地址等信息不需要全部写进简历。一方面是为了避免个人详细信息的泄露；另一方面企业招聘除非部分特殊岗位有要求，这些信息也不是企业必须要了解的。

2. 简历制作的基本要求

（1）简洁明了。一份简历，企业的人力资源经理会花多少时间阅读呢？目前大量的事实反映，人力资源经理初次浏览一份简历的时间平均不超过 1 分钟。因此尽管简历的类型有很多种，既有详细型简历又有简约型简历，求职者最好选择内容精练的简约式简历，值得注意的是，这种“简”是简约而不简单。

（2）先主后次。先主后次，是指求职者在简历中把主要的内容放在前面，次要的内容放后面。如工作经验、应聘职位、待遇要求等写在前面，自我介绍、兴趣爱好等写在后面。

（3）语言得体。语言得体，是指撰写简历时不要使用长句，一般都用短句或短语，在描述相关技能的时候最好使用专业词汇，这样可以让人力资源经理的印象更加深刻。

（4）内容要全。内容要全，是指简历中该有的内容都得有，如个人信息、工作意向、工作经验、教育背景、证书信息、技能信息、兴趣爱好等。

（5）要有针对性。要有针对性，是指简历中的求职意向要与招聘信息中的岗位需求相匹配或接近。此外，技能、特长等信息最好也符合或接近应聘要求。

“黄金简历”制作技巧

实训检测

姓　名		完成时间		所属小组	
标准分值/分	考核项目		小组给分	教师给分	建　议
10	简历总体印象				
10	格式正确规范				
10	内容完整				
30	符合招聘要求				
30	突出个人特点及能力				
10	创新创意				

实训总结

模　块	一	任务编号	1-1	任务名称	简历制作	
实训课时	4	实训地点			指导教师	
实训学生						

- 我通过以下方式为项目工作做出了贡献：

- 在这个项目中，对我来说比较困难的事情有：

- 改变这种困难的状态我可以采取以下方法：

- 我需要做以下一些事情，使我们项目的工作更加高效：

职场故事连载——初出茅庐 1

其实临近毕业，同学们都觉得求职的压力很大。小吴和余安妮是同一个社团的同学，他和余安妮一样是个大专应届毕业生。有一天小吴看到某家大公司招聘工程师，应聘条件上写明需要的最低学历是本科。为了获得这家大公司的面试机会，小吴给该公司人事部发了份简历，上面写着自己为本科学历。面试官在面试他之后决定让他来公司上班，却在接到人事部的电话后放弃录取他。因为经过调查发现，他自修的本科学历尚未拿到。其实虽然公司对学历的要求是本科，但如果经验足够丰富，大专学历也会考虑。如果不是小吴的不诚实，这份工作也许已经到手。余安妮得知这件事后感慨良多："在求职中诚信很重要，但是什么样的简历才能吸引人力资源经理注意并且得到面试机会呢？我想应聘像阳光公司这种大企业的行政秘书一职该怎样制作简历呢？"

虽然她也做了一份简历，但左看右看都觉得不满意，但又不知道怎么去改，哪些应该写，哪些没有必要写，真是很难把握。这时她想起班主任老师的一句话："学会站在企业的角度去考虑问题，你才会更像一个企业人。"是呀，如果我是一个人力资源经理，我会关注哪些方面呢？想到这个问题，余安妮觉得思路一下子清楚了很多。

任务二　职业形象设计与展示

实训准备

模　块	一	任务编号	1-2	任务名称	职业形象设计与展示	
实训课时	4	实训地点			指导教师	
实训学生						
实训目的	掌握职业秘书的形象设计知识，并能针对自身特点加以应用，为自己塑造一个得体、美观、适合工作岗位和身份的职业形象					
提交资料	1. 个人职业形象照片 2. 小组形象展示视频					

实训任务

任务列表

1. 每位同学根据自身的特点及秘书岗位的要求，选择一套合体的职业装。
2. 每位女同学根据自己的肤色和特点，化一个职业淡妆。
3. 拍摄定妆照片，并交小组长。
4. 拍摄小组形象展示视频，并在班上展示、交流。

任务要求

1. 女同学职业装，连衣裙、西服套装均可，男同学职业装，西服套装、衬衣+西裤均可。
2. 女同学妆容不宜浓妆或过于夸张，以职业淡妆为宜。
3. 服装及妆容以体现自身特点、展现自身优势为佳，不提倡名牌或过于华丽的妆容。
4. 小组展示时，每组选派 1 名评委，最终评选出 1～2 个最佳形象小组和几名秘书形象大使（具体人数视班级人数而定）。

知识回顾

（一）秘书人员着装技巧

俗话说“人靠衣装马靠鞍”，如果应聘者希望在职场上建立良好的形象，那就需要全方位地注重自己的仪表。其中，着装是最重要的，着装实际上是一种符号、一种暗示，它能够向人们传递出应聘者是否具有职业精神的信息。

职场着装原则可以概括为以下“六个不能”。

第一，不能过分杂乱，杂乱导致的最直接错误就是不按常规着装。

第二，不能过分鲜艳，职场人士应当坚持“庄重保守”的着装原则。

第三，不能过分暴露，职场女性尤其需要高度重视这个问题。

第四，不能过分透视，特别是在夏季。

第五，不能过分短小，凡职场人士都不能穿短裤上班。

第六，不能过分紧身，特别是职场女性更不能穿着过于紧身的服装。所谓紧身服装，其标准是凡能凸显出人体敏感部位的服装都应视为紧身服装。

「视频」
个人衣着形象

1. 女士职场着装原则

女性职业装以套装为主，所以，女士职场着装原则首先从套裙讲起。套裙一般包括女式西装上衣和裙子。

（1）面料选择。套裙的面料要质地上乘、纯天然，上衣、裙子必须是同种面料宜选用不起皱、不起毛、不起球的匀称平整、柔软丰厚、悬垂挺括、手感较好的面料。

（2）色彩。套裙应当以冷色调为主，借以体现出着装者的典雅、端庄与稳重。着装者还须使之与各种流行色保持一定的距离，以示自己的风格与持重。另外，一套套裙的全部色彩最多不要超过两种，不然就会显得杂乱无章。

（3）尺寸。套裙在整体造型上的变化，主要表现在它的长短与宽窄两个方面。套裙一般要求上衣不宜过长，下裙不宜过短。通常，套裙中的上衣最短可以齐腰，而裙子最长则可以到小腿的中部。裙子下摆恰好在着装者小腿肚子上的最丰满处，乃是最为标准、最为理想的裙长。以宽窄肥瘦而论，套裙之中的上衣分为紧身式与松身式两种。一般来说，紧身式上衣显得较为传统，松身式上衣则看起来更加时尚一些。另外，上衣的袖长以恰恰盖住着装者的手腕为好；上衣或裙子均不可过于肥大或过于紧身。

（4）穿着到位。在正式场合穿着套裙时，上衣的领子要完全翻好，上衣的衣扣必须全部系上。不要当着他人的面随便将上衣脱下，也不要将上衣披在身上，或者搭在身上。裙子要穿得端端正正、上下对齐，着装者应将衬衫下摆掖入衬裙裙腰与套裙裙腰之间，切不可将其掖入衬裙裙腰之内。另外，着装者还需要根据自身年龄、体型、气质、职业等特点选择适宜的套裙款式。比如：较胖的女性可以穿一般款式，颜色可以略深些；肤色较深的人不适宜穿蓝色、绿色或黑色的套裙。国际上通常认为袜子是内衣的一部分，因此，绝不可露出袜边。为避免这种尴尬，女士要么穿长到大腿的长筒袜，要么索性不穿袜，但就是不能穿那种半长不短的丝袜。

（5）装饰。套裙上不宜添加过多的点缀。一般来说，职场女性不宜穿着以贴布、绣花、花边、金线、彩条、扣链、亮片、珍珠、皮革等进行点缀或装饰的套裙。在穿着套裙时，既不可以不化妆，又不可以化浓妆；不要佩戴有可能令自己过度张扬的首饰。

（6）搭配。衬衫应轻薄柔软，其色彩与外套的色彩应协调。内衣的轮廓最好不要从外面显露出来。衬裙应为白色或肉色，不宜有任何图案。衬裙裙腰不可高于套裙裙腰而暴露于外。与套裙配套的鞋子宜为皮鞋，并以棕色或黑色牛皮鞋为佳。袜子也不可随意乱穿，所穿的袜子可以是尼龙丝袜或羊毛袜。另外，千万不要将打底裤、九分裤等裤装当成袜子来穿。

2. 男士职场着装原则

（1）三色原则。三色原则一直以来都是男士着装礼仪中重点强调的内容，主要是指男士身上的色系不应超过 3 种，很接近的色彩应视为同一种。

（2）有领原则。有领原则是指正装必须是有领的，无领的服装不能成为正装。男士正装中的领通常体现为有领衬衫。

（3）纽扣原则。纽扣原则是指绝大部分情况下，正装应当是纽扣式的服装，拉链式的服装通常不能称为正装，某些比较庄重的夹克事实上也不能成为正装。

（4）皮带原则。皮带原则是指男士的长裤必须是系皮带的，通过弹性松紧穿着的运动裤不能成为正装，牛仔裤自然也不能。就算是西裤，即便不系腰带也能穿，但不能作为正式场合的正装。

（5）皮鞋原则。皮鞋原则是指正装离不开皮鞋，运动鞋、布鞋和拖鞋是不能成为正装的。最为经典的正装皮鞋是系带式的，不过随着潮流的改变，方便实用的无带皮鞋也逐渐成为主流。

（二）秘书人员化妆技巧

1. 秘书人员的妆容特点

女性秘书的工作特点及工作环境决定了其妆容应该是：干练洒脱、大方精致、温柔端庄，同时也要求相对低调含蓄，不宜张扬、夸张或过于浓艳。

2. 秘书人员的化妆步骤

（1）洁肤。清洁面部，同时观察是否需要贴美目贴、修眉。

（2）润肤、调肤。润肤宜薄，辅助调整皮肤。

（3）打粉底。通过粉底修容、定妆。

（4）眼部。包括眼影的描绘、眼线的勾画、睫毛的修饰。

（5）画眉。用眉笔进行眉毛的描画。

（6）腮红。要注意与面部暗影的衔接。

（7）画唇。包括画唇线及用唇膏上色。

（8）修容。利用修容粉提亮或打暗影。在日常职业妆中，该步骤可省略，使妆容更自然。

（9）检查妆面。

3. 秘书人员的妆容要求

（1）底妆——底妆应干净、均匀、轻薄，注意不要泛油光。

（2）眼部——一般选用粉色、棕色系眼影，眼影不要太明显，晕染方式以渐层和尾部重色为主。

（3）眉毛——自然流畅，在办公室里，最好的选择应是稍粗且眉峰稍锐的眉形，显得精明能干。

（4）腮红——一般选用自然色系。

（5）唇——唇彩颜色不宜过艳，选择接近或比自己唇色略深的色泽，轻而薄地涂于唇上。

温馨提示

秘书人员化妆的特别提醒

粉底不宜过厚，要轻薄自然；

眼影不宜过浓，最好偏冷色系，统一颜色；

唇妆不宜过艳，以自然色系为主。

（三）秘书人员形象规范

1．站姿——要有稳定感

最容易表现体态特征的是人处于站立时的姿势。在社交场合中的站姿，要求做到“站有站相”，注意站姿的优美和典雅。

女性的站姿应亭亭玉立、文静优雅；男性应刚劲挺拔、稳健大方。

正确的站姿应：端正、庄重，具有稳定感。站立时的人，从正面看去，应以鼻子为点与地面成垂直状，人体在垂直线的两侧对称，表情自然、明朗。

温馨提示

要注意防止不雅站姿

（1）上身：歪着脖子、斜着肩或一肩高一肩低、弓背、挺着腹、撅臀或身体依靠其他物体等。

（2）手脚：两腿弯曲、叉开很大及在一般情境中双手叉腰、双臂抱在胸前、两手插在口袋等。

（3）动作：搔头抓痒，摆弄衣带、发辫，咬指甲等。

2．坐姿——讲究稳重感

坐姿是人际交往中最重要的人体姿态，它反映的信息非常丰富。优雅的坐姿应该端正、典雅、自然、大方。

入座时，要走到座位的前面再转身，然后右脚向后退半步，再轻稳地坐下，收右脚。

入座后，上体自然坐直，双肩平正放松，立腰、挺胸，两手放在双膝上或两手交叉半握拳放在腿上，亦可两臂微屈，掌心向下，放在桌上。两腿自然弯曲，双脚平落地上，男士双膝稍稍分开，女士双膝必须靠紧，两脚平行，臀部坐在椅子的中间位置（男士可以坐满椅子，背轻靠椅背）。双目平视，嘴唇微闭，微收下颌，面带笑容。

起立时，右脚向后退半步，而后直立站起，收右脚。

温馨提示

5种不雅坐姿

（1）就座时前倾后仰或歪歪扭扭，脊背弯曲，头过于前倾，耸肩。

（2）两腿过于叉开或长长地伸出去，萎靡不振地瘫坐在椅子上。

（3）坐下后随意挪动椅子，在正式场合跷二郎腿、摇腿。

（4）为了表示谦虚，故意坐在椅子边上，身体萎缩前倾地与人交谈。
（5）大腿并拢，小腿分开，或者双手放在臀下，腿脚不停地抖动。

3. 走姿——展现精神面貌

行走是人们在日常生活中的主要动作。从一个人的走姿我们就可以看出其精神状态是奋发进取或失意懒散，以及是否受人欢迎等，它最能体现出一个人的精神面貌。

在生活中有的人精心打扮穿着入时，如果走姿不美，就会逊色三分；而有的人尽管服装样式简单，优雅的走姿却使其显得气度不凡。

标准的走姿要求：行走时上身挺直，双肩平稳，目光平视，下颌微收，面带微笑；手臂伸直放松，手指自然弯曲，摆动时，以肩关节为轴，上臂带动前臂，向前、向后自然摆动；身体稍向前倾，提髋屈大腿，带动小腿向前迈。

温馨提示

注意矫正不雅的走姿

（1）内八字和外八字。
（2）弯腰驼背，歪肩晃膀。
（3）走路时大甩手，扭腰摆臀，大摇大摆，左顾右盼。
（4）双腿过于弯曲或走曲线。
（5）步子太大或太小，不要脚蹭地面、双手插在裤兜或后脚拖在地面上行走。
（6）男士的走姿一步一挪或八字步迈开，会给人以萎靡不振的感觉。

4. 蹲姿——别不顾优雅

蹲姿一般以交叉式蹲姿和高低式蹲姿两种为宜。

（1）交叉式蹲姿。下蹲时，右脚在前，左脚在后，右小腿基本垂直于地面，全脚着地，左腿在后与右腿交叉重叠，左膝由后面伸向右侧，左脚跟抬起，脚掌着地，两腿前后靠紧，合力支撑身体。臀部向下，上身稍前倾。

（2）高低式蹲姿。下蹲时，左脚在前，右脚稍后，两腿靠紧往下蹲。左脚全脚着地，小腿基本垂直于地面，右脚脚跟提起，脚掌着地。右膝低于左膝，右膝内侧靠于左小腿内侧，形成左膝高右膝低的姿势，臀部向下，基本上靠一只腿支撑身体。当要捡起落在地上的东西或拿取低处物品的时候，不能有只弯上身、翘臀部的动作，而是首先走到要捡或拿的东西旁边，再使用正确的蹲姿，将东西拿起。

下蹲时要注意：

（1）不要有弯腰、臀部向后撅起的动作。
（2）切忌两腿叉开、两腿展开平衡下蹲。
（3）不能露出内衣裤。

实训检测

女性形象检测

头发	1. 头发是否凌乱 2. 发式是否过于复杂 3. 头发是否很脏，有无头屑 4. 丝带和发夹的样式、颜色是否太过华丽 5. 长发有无拢起 6. 刘海是否过长
化妆	1. 是否浓妆艳抹 2. 香水是否过浓，气味是否奇怪 3. 妆容看起来是否健康
指甲	1. 指甲是否太长 2. 指甲内是否有污垢 3. 指甲油的颜色是否太过鲜艳
服装	1. 服装的样式与颜色是否太花哨 2. 服装是否整洁，服装上是否有头屑、头发或污渍 3. 上下装、内外装是否搭配 4. 服装是否过于暴露 5. 扣子有无脱落，下摆是否掉下来 6. 裙子的长度是否合适 7. 衬衫和背心的扣子是否扣错
丝袜	1. 束紧的部分是否太松 2. 丝袜是否有破损 3. 颜色是否过于鲜艳
鞋子	1. 鞋子的颜色和样式是否太过华丽 2. 鞋子是否整洁 3. 鞋跟是否过高，是否合脚

男性形象检测

脸	胡子是否刮了
头发	1. 头发是否太长 2. 鬓角、刘海是否太长 3. 头发是否凌乱 4. 头发是否很脏，有无头屑
指甲	1. 指甲是否太长 2. 指甲内是否有污垢
西装	1. 西装是否整洁 2. 西装有无头屑、线头、污垢 3. 西装有无破裂之处 4. 扣子是否扣错或掉了 5. 标牌是否摘掉 6. 西装是否符合时令 7. 西装是否很皱 8. 裤子是否过长或过短

续表

衬衫	1. 衬衫的颜色和样式是否过于华丽 2. 领子和袖口是否有污渍 3. 衬衫有无破裂或弄皱的地方 4. 衬衫与西装搭配得是否得当
领带	1. 领带是否与西装、衬衫搭配得当 2. 领带是否整洁 3. 领带是否打得不正 4. 领带是否过长或过短
鞋子	1. 是否穿了皮鞋（正式西装不可与运动鞋搭配） 2. 鞋子是否打油擦亮 3. 鞋子的颜色与样式是否得当
袜子	1. 袜子的颜色与样式是否太花哨 2. 袜子有无臭味 3. 袜口是否松开

调整好自我形象之后，轮流上台进行仪表、仪态展示并根据以下表格内容进行评价。

综合评价表

姓　　名		完成时间		所属小组	
标准分值/分	考核项目		小组给分	教师给分	建　　议
10	仪态整洁大方				
20	服饰色彩款式搭配合适				
20	服饰职业特色明显				
20	妆容得体				
20	突出个人优势及特点				
10	整体形象端正优雅				

实训总结

模　　块	一	任务编号	1-2	任务名称	职业形象设计与展示
实训课时	4	实训地点		指导教师	
实训学生					
● 我通过以下方式为项目工作做出了贡献：					
● 在这个项目中，对我来说比较困难的事情有：					
● 改变这种困难的状态我可以采取以下方法：					

续表

● 我需要做以下一些事情，使我们项目的工作更加高效：

职场故事连载——初出茅庐 2

这天是周一，余安妮吃完早餐回到宿舍，带着激动和忐忑的心情进行最后的准备工作。作为水瓶座女孩，余安妮不爱受约束，个性浪漫、性格开朗，平时喜欢穿休闲运动装。面对着镜中的自己，她想：“今天该穿什么衣服呢？还是先看看别人是怎么穿的吧”。

她拿着几本个人形象设计、职场着装的书，又上网找了一些职场着装视频，思路渐渐明晰起来，同时也想起了班主任老师的一句话，“一个人想成功首先要看上去像个成功者，所以你要让自己看上去就像一个职业秘书”。

余安妮重新学习了礼仪教材上关于自我形象的知识，又从网上职场着装视频中吸取了不少的经验。仔细想想，身边的同学在个人形象上的问题真的好多，不光男生普遍不注意自己的着装、外形，很多女生的着装也是随心所欲，不是太过草率，就是不分场合。

她若有所思地点点头，自言自语道：“看来班主任说的是对的，很多同学到毕业了其实根本还没有准备好。单从外形上说，同学们就与一个职场达人相距甚远。”

任务三　秘书岗位面试技巧

实训准备

模　　块	一	任务编号	1-3	任务名称	模拟招聘会	
实训课时	4	实训地点			指导教师	
实训学生						
实训目的	1.熟悉招聘会的形式、流程和要求 2.能够克服各种心理障碍，在招聘人员面前从容、准确地展现自己的特长 3.学会应对面试中的常见问题					
提交资料	1.各部门招聘计划 2.各部门员工面试评估表					

实训案例

为了更好地开展本学期的实训，让同学们更好地体验未来职场的真实感受，现决定在班上成立两个虚拟公司。先选出两位总经理，由总经理招聘部门经理，再由部门经理陆续招聘部门员工。

实训任务

任务列表

1. 两位总经理拿出各自的招聘计划，向老师汇报。

2. 老师会同两位总经理负责招聘两个公司各部门的经理，每个公司 4～5 名（根据班级实际人数来确定）。

3. 由各部门经理招聘本部门的员工（尽可能使各部门人数大致相当）。

任务要求

1. 每位同学必须选择一个角色，参加招聘。

2. 招聘过程要尽可能严肃、认真，每个部门应尽可能选择人岗匹配的员工。

3. 每位同学应积极准备应聘，努力争取自己心仪的部门，一旦所选部门人数较多，应服从公司的调配。

4. 如部门招聘过程中出现争议，应提交“董事会”解决。

知识回顾

（一）面试的种类

面试是一种经过组织者精心设计，在特定场景下，以面试官通过与应聘者的面对面交谈及对其观察为主要方式，由表及里地测评应聘者的知识、能力、经验等有关素养的一种考试活动。

1. 结构化面试、非结构化面试和半结构化面试

根据面试的标准或程度划分，面试可以分为结构化面试、非结构化面试和半结构化面试。

结构化面试，即规范化面试，是指依照预先确定好的题目、程序和标准进行面试，要求做到程序的结构化、题目的结构化和评分标准的结构化。

非结构化面试，是指在面试中事先没有固定的框架结构，也不使用有确定答案的固定问题的面试。

半结构化面试，是介于结构化面试与非结构化面试之间的一种面试形式。

2. 单独面试（序列化面试）和小组面试（同时化面试）

根据面试实施的方式，面试可以分为单独面试（序列化面试）和小组面试（同时化面试）。

单独面试（序列化面试），是指面试官与每一位应聘者单独交谈的面试形式。

小组面试（同时化面试），是指面试官同时对若干个应聘者进行面试的形式。

3. 一次性面试和分阶段面试

根据面试实施的进程，面试可以分为一次性面试和分阶段面试。

一次性面试，是指用人单位对应聘者的面试集中于一次进行，应聘者是否应聘成功取决于这一次面试。

分阶段面试，是指用人单位分几次对应聘者进行的面试。

（二）面试官常提的问题

1．关于个人方面的问题

（1）请介绍一下你自己。在面试前，用人单位大多已看过应聘者的自荐材料，对应聘者的基本情况都有所了解，因此，应聘者在进行自我介绍时，要简洁、重点突出自己应聘该单位的动机和具备什么样的素质可以满足用人单位的要求。

（2）你有什么优点和缺点？应聘者要充分介绍自己的优点，但最好少用形容词，而用能够反映自己的优点的事实来说话。应聘者在介绍自己的缺点时可以从大学生普遍存在的弱点方面进行介绍，如缺少社会经验等。有一些缺点（如曾经受过处分），也应如实介绍，同时可以多谈一些现在的认识和后来改正的情况。

2．关于学业、经历方面的问题

（1）对自己的学习成绩满意吗？有的应聘者的学习成绩比较好，这样的问题很好回答。但是对于那些学习成绩不太好的应聘者来说则需要具有一定的技巧，可以表明自己的态度，并给予一个合适的理由，但不能找客观原因，如“老师教得不好”，这样会显得应聘者是一个推卸责任的人，同时最好突出自己一个好的方面，以免让用人单位觉得你一无是处。

（2）如何评价你的大学生活？大学期间是职业生涯的准备期，应聘者可以强调自己的学习、工作、生活态度及取得的成绩，以及大学生活对自己的影响，另外，也可以简要提一下自己努力不足的地方。

（3）担任过什么职务或参加过什么活动？应聘者可以介绍自己的实习经历、社会调查、社团活动、勤工俭学等方面的情况及取得的成绩。应聘者最好介绍一下自己在这些活动中取得的实际工作经验对自己今后工作的重要性，它能说明应聘者是一个善于总结和学习的人。

3．关于单位方面的问题

（1）你了解我们单位吗？只要应聘者提前做些准备工作，从多种途径收集用人单位的信息，这样的问题就比较容易回答了。如果应聘者答非所问或根本不知道怎么回答，场面可能会很尴尬。

（2）你了解我们所招聘的岗位吗？应聘者针对这样的问题可以从岗位职责和对应聘者的要求两个方面谈起，很多应聘者在这样的问题面前显得手足无措，其实只要详细阅读用人单位的招聘信息就可以。

（3）你为什么应聘我们单位？应聘者可以从用人单位在行业中的地位，自己的兴趣、能力和日后的发展前景等角度回答这样的问题。

（4）你是否应聘过其他的单位？一般来说，用人单位都能理解应聘者同时应聘几家单位的事实，因此应聘者可以如实地回答，但最好能说明自己选择的次序。

4．关于职业方面的问题

（1）你找工作最主要考虑的因素是什么？应聘者可以结合自己正在应聘的岗位，重点谈自己的兴趣、自己对于取得事业上的成就的渴望、施展自己的才能的可能性、未来的发展前景等方面来回答这样的问题。

（2）你认为自己适合什么样的工作？针对这样的问题，应聘者可以结合自己的长处或专业背景来回答，也许用人单位是结合未来的工作安排来提问的，也许用人单位只是一般性地了解应聘者对自己的评价，因此应聘者不要说不知道，也不要说什么都行。

（3）你是如何规划你个人的职业生涯的？应聘者在求职前一定要对这样的问题有所考虑，因为这样的问题不仅在面试时可能被问到，而且对这个问题的思考也有助于个人树立职业目标。

5．其他方面的问题

（1）假设某种情况你会怎样做？面试官可能会就某方面工作的问题让应聘者来具体回答实施步骤或解决方案。例如，假设应聘者是行政秘书，提问关于会议超员的问题等。（准备了 10 个人的会议室，但是有 13 个人前来开会，请问该如何处理？）

（2）知识性的问题。面试官很可能会问到与专业知识相关的问题，甚至直接出道题目让应聘者解答。应聘者只有在平时打好专业基础才能迎刃而解。

（3）你有什么问题需要提出？基本上，在面试接近尾声时，面试官会示意应聘者可以向其提问。这时应聘者可以就如果被用人单位录用后可能会接受的培训、工作的主要职责等问题向面试官进行提问。

（三）面试礼仪

「视频」

面试的技巧

1．提前到达面试地点

一旦和用人单位约好了面试时间，一定要提前 5～10 分钟到达面试地点，以表示应聘者的诚意，给对方以信任感，同时也可以调整自己的状态，做一些简单的仪表准备，以免仓促上阵。为了做到这一点，应聘者一定要牢记面试的时间和地点，有条件的话可以提前去一趟面试地点，以免因一时找不到地方或途中延误而迟到。

2．身处面试场合时要礼貌大方

应聘者面试入场时，如果门关着，应聘者应先敲门，得到面试官允许后再进去。应聘者要注意开关门动作要轻，姿态以从容、自然为好。应聘者与面试官见面时要主动打招呼问好，称呼应当得体。在面试官没有示意应聘者坐下时，应聘者切勿急于落座。若面试官示意应聘者坐下，应聘者坐下时应道声“谢谢”，并且在坐下后保持良好体态，切忌大大咧咧、左顾右盼、满不在乎，以免引起面试官反感。应聘者离去时应询问面试官“还有什么要问的吗”，得到面试官允许后应微笑起立，道谢并说“再见”。

3．对用人单位的问题要逐一回答

面试官向应聘者介绍情况时，应聘者一定要认真聆听。为了表示自己已听懂并感兴趣，

应聘者可以在适当的时候点头示意或适当提问、答话。回答面试官的问题时，应聘者的口齿要清晰，声音要适度，答话要简练、完整。一般情况下应聘者不要打断面试官的问话或抢问、抢答，否则会给人急躁、鲁莽、不礼貌的印象。问话完毕，听不懂时应聘者可以要求面试官重复问题。当不能回答某一问题时，应聘者应如实告诉用人单位，含糊其词和胡吹乱侃都会导致面试失败。对重复的问题应聘者也要有耐心，不要表现出不耐烦。

4. 不要有这些小动作

手：这个部位最易出问题。如应聘者的双手总忙个不停，做些玩弄领带、挖鼻子、抚弄头发、掰关节、玩弄面试官递过来的名片等动作。

脚：不停地晃动、前伸、翘起等，不仅人为地制造紧张气氛，而且显得应聘者心不在焉。这是相当不礼貌的行为。

背：哈着腰、弓着背，这样会显得应聘者缺乏自信心。

眼：或惊慌失措，或躲躲闪闪，该正视时却目光游移不定，给人一种缺乏自信的感觉，极易使面试官产生反感。另外，若死盯着面试官的话，又难免给面试官造成压迫感，这样也是不对的。

脸：或呆滞死板，或冷漠无生气等，僵硬的表情是无法打动人的。一张活泼、有生气表情的脸很重要。

总之，在面试时，以上这些坏习惯应聘者一定要改掉，并自始至终保持彬彬有礼、不卑不亢、大方得体、生动活泼的言谈举止，这样不仅可以大大提升应聘者良好的个人形象，而且往往使其成功的机会大增。

实训检测

面试评估表

应聘人员姓名：　　　　　　　　申请职位：　　　　　　　　面试日期：

项　目	评　价	项　目	评　价
仪表仪容/精神	□优秀□良好□符合□不符合	沟通能力	□优秀□良好□符合□不符合
语言表达能力	□优秀□良好□符合□不符合	逻辑条理性	□优秀□良好□符合□不符合
态度	□优秀□良好□符合□不符合	情绪控制能力	□优秀□良好□符合□不符合
应变能力	□优秀□良好□符合□不符合	企业文化认可	□优秀□良好□符合□不符合
学历资格	□优秀□良好□符合□不符合	岗位资格	□优秀□良好□符合□不符合
经验	□优秀□良好□符合□不符合	专业知识	□优秀□良好□符合□不符合
综合素质	□优秀□良好□符合□不符合	背景调查	
个性特征测试			
应聘人员待遇要求： 试用期薪资（税前）： 转正后薪资（税前）：		（ ）合适，建议领导复试。 （ ）不合适，原因： 主试人签名：　　　　日期：	

实训总结

<table>
<tr><td>模　块</td><td>一</td><td>任务编号</td><td>1-3</td><td>任务名称</td><td colspan="2">模拟招聘会</td></tr>
<tr><td>实训课时</td><td>4</td><td>实训地点</td><td colspan="2"></td><td>指导教师</td><td></td></tr>
<tr><td>实训学生</td><td colspan="6"></td></tr>
<tr><td colspan="7">● 我通过以下方式为项目工作做出了贡献：</td></tr>
<tr><td colspan="7">● 在这个项目中，对我来说比较困难的事情有：</td></tr>
<tr><td colspan="7">● 改变这种困难的状态我可以采取以下方法：</td></tr>
<tr><td colspan="7">● 我需要做以下一些事情，使我们项目的工作更加高效：</td></tr>
</table>

职场故事连载——初出茅庐 3

余安妮按照所学习的个人形象知识，经过一番认真打扮，并在同宿舍小姐妹的建议下，终于给自己做了一个完美的造型，带着准备好的简历出发了。到了人才市场，在阳光公司招聘位前，她努力克制着自己的紧张情绪，递上了自己的简历。招聘方是人力资源部人事专员郭中汇，他的一举一动，显得老成持重。

余安妮："您好！我想应聘行政秘书这个职位。这是我的简历。"

郭中汇："好的。我先看下。（5 秒后）嗯，这简历写得不错。（又过了 1 分钟）你的专业非常符合我们的要求，个人素质也挺好。请先做下笔试题吧。"

余安妮："好的。"

郭中汇递给余安妮一份试卷，余安妮拿着试卷来到旁边的空座位上进行作答……

余安妮："您好！我的笔试题已经完成了。"

郭中汇："好的，我先看一下。"

余安妮："好的。"

郭中汇："对了，还有一个问题，余安妮，你长得很漂亮，但是我发现你左嘴唇边有颗黑痣，不是那么好看，你觉得这颗黑痣会影响到你的面试成绩吗？"

余安妮听了这个问题，不禁愣住了，不过她还是稳住自己的心情回答道："如果今天各位面试老师是为了选美而来的话，我想我不合适，但是如果你们是为公司选才而来的话，我想我是很合适的，因为我充分相信自己是符合行政秘书岗位要求的。"

郭中汇听完嘴角露出一丝微笑。

3 天后，余安妮接到一个陌生电话："请问是余安妮小姐吗？"

"是我，您是？"

"我这里是阳光公司人力资源部，我很高兴地通知你，你已经通过我公司的初试，请于本月 12 日上午 10 时来公司进行复试。请问你还有什么问题吗？"

"啊！真的！没……没问题了。"这真有点意外，余安妮放下电话，好像还在做梦。她按捺住自己兴奋又紧张的心情："复试时我还要注意什么问题呢？还是看看别人是怎么做的吧。"

她找出以前收藏的一段面试技巧的视频，一边看一边琢磨自己应该怎么表现。看了几遍后又打电话向几位从事公司文秘工作的师姐咨询，心里才慢慢有了把握。

12 号的早上，阳光灿烂，余安妮的心情也特别好，兴奋多过了紧张。带好前一天就准备好的入职材料，正式迈出了步入职场的第一步。早上 9:50，余安妮提前 10 分钟来到阳光公司。

阳光公司的大堂装饰得高端大气，想到今后就要在这样的环境里工作，她的小心脏又开始砰砰狂跳。她首先来到前台，前台田芸听说她是来复试的，指示她上二楼，找 204 人力资源部的人事专员郭中汇。

郭中汇："欢迎你，余安妮，我是人事专员郭中汇。上次招聘会我们见过。我们去会议室吧。"

余安妮："好的。"

两人到了小会议室，公司行政部经理何雨竹已经在等着她了。给双方介绍之后，郭中汇就关上门离开了。

何雨竹，天秤座的气质美女，公司的资深秘书，她的言语极具亲和力，但做起事来又十分严格，追求完美。在她面前余安妮说不紧张是不可能的，但毕竟她做了充分的准备，而且在学校里好歹也经历过一些面试的场面，她努力让自己保持微笑。

何雨竹觉得她的神情很可爱，于是尽量用轻松的语调说："来吧，先介绍一下自己。"

"好的，我叫余安妮，毕业于 A 科学技术大学，我是学文秘专业的，我所学过的专业课程包括，马克思主义哲学、大学英语、体育……"

"这些就不用具体说了。"何雨竹打断她，"你在学校期间有过哪些社会经历呢？"

"我一直很重视社会经验的积累，在学校里我加入了秘书事务所，受过严格的专业训练。曾经帮助一家房地产公司发过传单；在一家手机店做过促销，做过几次大型活动的礼仪，另外，每个假期我都会去企业做厂工，为自己赚些学费。"

"嗯，那你觉得这些活动给你带来了哪些帮助？"

"嗯，事务所既教会了我怎么做一个专业的秘书，也教会了我不要轻视每件具体的工作，哪怕是发传单，我都认真对待，所以我每次都会比别人发得更快、效果更好；手机促销让我学会了去观察不同的客人，用他们习惯的方式与他们沟通，并在最短时间内了解他们的需要；做厂工让我知道每份工作都不容易，并且学会珍惜每次工作的机会。"余安妮这时已经完全放松，把她平时的积累都展示出来。

何雨竹轻轻地点着头，这个小姑娘所展示的心态和能力让她觉得满意。

"好吧，今天的面试就到这里，如果有消息我们会通知你的。谢谢你。"

回到学校的宿舍，余安妮还是觉得有点似梦似真，今天的入职经历让她现在还处在极度兴奋中。回想起来，当时真是紧张得要命，不过她居然能够从容地应对下来。看来平时在学校里的积累太重要了，如果自己只是一味地死读书，估计今天就够呛了。

见她回来，几个舍友一下围了上来，七嘴八舌地问："这家公司怎么样？""有为难你吗？""什么心情？"……

余安妮掩饰不住自己的得意："还好啦，算是顺利过关。不过，姐妹们，我告诉你们，从现在起一定要多加训练，多来几次模拟面试，把困难想多一点，要不然，到现场只有紧张的份了。"

阳光公司是一家中外合资大型企业，主要经营电子类产品，实力强劲，发展势头迅猛，公司位于Z市黄金地段，外观装潢大气华美。余安妮在面试时就对公司环境十分喜爱，也正是公司这种富于文化气息的工作环境，让余安妮坚定了来公司发展的信心。

几天以后，当余安妮又一次接到阳光公司的电话，通知她去办理入职手续时，她的心情已经平静许多，面试的经历让她觉得自己一下子成熟了。再次走进阳光公司的大堂，她也不再是那个怯生生的学生娃，觉得自己已经像是一个小白领了。

郭中汇：“余安妮，你的资料都带齐了吧？”

余安妮：“带齐了，都在这里。不过我还没有毕业，目前也没有毕业证和学位证，也没有离职证明，所以我把学生证带来了。”

郭中汇：“好的，没关系。我先查验一下……一寸免冠照片3张、身份证原件1份和复印件2份、学生证原件1份、四、六级证书各1份、体检证明1份。OK，没有问题了，这里是劳动合同、保密协议和职位说明书，请先仔细阅读一下，如果没有问题，就可以签字了。”

余安妮：“好的，我先看一下。”

余安妮依次查看以上三份文件。

余安妮：“嗯，郭专员，我已经看完并签完字了。”

郭中汇：“好的，我先查看下……OK，没问题了。这是你的工牌，主要用作考勤、门禁和行政消费，千万要注意保存哦。”

余安妮：“多谢你，郭专员。”

郭中汇：“不用客气，你的入职手续已经办理完成了，后面我们会帮你办理社保卡、医保卡和工资卡，办理完毕后我会给你通知的。我带你去行政部办公室吧。”

余安妮：“好的，谢谢你。”

两人来到行政部办公室，行政部经理何雨竹正在自己的办公桌前忙碌。

郭中汇：“雨竹姐，安妮办好入职业手续了。”

何雨竹：“好的。安妮，欢迎加入我们的团队！”

余安妮：“雨竹姐，您好！很高兴能有和您一起工作的机会。”

郭中汇：“雨竹姐、安妮，你们聊，我就先回去了。”

何雨竹、余安妮：“好的。谢谢你。”

何雨竹：“这是你的办公位，办公用品都已经准备好了，这张表里有你的办公电话、电脑密码和邮箱账户信息，最主要的是你的培训计划。还有这张岗位说明书也要看看。”

阳光公司行政秘书岗位说明书

岗位名称	公司行政秘书	所在部门	公司各部门办公室
直接上级	部门经理和主管	直接下级	/
工作职责： （1）接听电话，向电话询问者提供信息，记录留言，转接电话； （2）收发与回复日常邮件； （3）撰写会议通知、会议纪要、日常信件和工作报告； （4）会谈、会务安排； （5）将信件、文件及其他记录归档； （6）统计、备份信件及其他文档； （7）安排商务旅行，做好预订工作； （8）接待访客；			

续表

（9）采购、分发和控制办公用品； （10）分发钱款，进行简单的账务管理
任职要求： （1）大专及以上学历，主修文秘及相关专业； （2）熟悉办公室行政工作，有相关工作经验； （3）熟练使用办公自动化设备，包括计算机、打印机、传真机、复印机等； （4）有良好的文字表达能力，有一定英语基础，具备较强的听说能力； （5）认真负责，积极主动执行交办工作； （6）工作效率高，条理性强，有团队合作精神； （7）保密意识强
检查与考核： （1）本岗位由公司人力资源部统一进行考核； （2）部门经理负责检查其日常工作； （3）考核结果纳入本人绩效考核范围

余安妮："好的，我了解了。"

何雨竹："后面有什么工作上的问题，你都可以随时来找我，今天你的主要工作就是熟悉公司的环境和规章制度，明天开始人力资源部将会安排入职培训。刚才你已经知道了前台、人力资源部和咱们行政部，我带你看看公司其他部门吧。"

余安妮："好的。"

何雨竹："相信你已经了解过了，咱们公司业务范围非常广泛，公司的组织架构，最上一层是总经理办公室和副总经理办公室，下面是研发部、市场部、销售部、技术部、生产部、财务部和行政部。公司所有的部门都应该互相配合，才能保证公司的正常运转。近年随着公司业务的扩大还成立了阳光教育、阳光商务等子公司。"

接着何雨竹带着余安妮参观公司。

参观公司后，余安妮思考着一个问题："这么大的公司，今后我将以何立足？职业生涯开始了，得好好规划一下啊！"

任务四　秘书入职基础

实训准备

模　　块	一	任务编号	1-4	任务名称	秘书入职基础	
实训课时	4	实训地点			指导教师	
实训学生						
实训目的	入职就是一个从学生角色转为职业人的过程，角色的变化必然要求思维方式的变化，要让学生明白，如何像一个职业人一样来思考问题，思考自己的现实和未来；做好环境管理和文档管理同样也是帮助学生完成角色转换的重要方面					
提交资料	1. 各组讨论结论和建议 2. 收文材料一套（对方来文+签署完整的收文处理单） 3. 发文材料一套（文件定稿+文件正本+发文处理单）					

实训案例

案例 1

行政部独立占据了一间办公室，大约 200 平方米，一边是明亮的窗户，阳光斜斜地射入，靠墙摆放了一排文件柜，柜顶上每隔一段距离摆放着水养绿植，看上去十分养眼。员工座位面对门口，分为两排，每排纵向摆放四张办公桌，在挡板上有员工的名牌，分别用中英文写着姓名。行政部经理何雨竹的座位位于办公室后部，用玻璃墙幕围出一个大约有 20 平方米的空间，玻璃隔断上挂着窗帘，拉起来就是一个封闭的办公室。在靠近门口的地方，摆放着复印打印一体机、碎纸机等办公设备，墙角有一盆发财树，墙壁上的空调发出了细微的嗡嗡声，阵阵凉风迎面而来，整个办公室清爽、干净，让刚从炎热外面走进来的余安妮感到十分舒服。

何雨竹微笑着将余安妮带到她的办公桌前，说："这里就是你的工作空间，希望你能与大家和睦相处，成为集体中的一份子。今天你先把以后工作需要的东西准备一下。你刚来这里，先分担一部分陈雅儿的工作，稍后陈雅儿会告诉你的。有什么问题多向大家请教。"

"谢谢雨竹姐，我一定好好向大家学习。"余安妮恳切地说，何雨竹点点头，走了。

行政部经理助理陈雅儿是一个看上去比余安妮略大的女孩，披肩长发，白皙的皮肤，化着得体的淡妆，看上去干练、利落。陈雅儿很友好地对余安妮微笑着说："雨竹姐吩咐了，让你先学着来人的接待工作、办公室的环境检查，我先带你两天，然后你就可以接手了。""嗯，这些会不会很难？""不会很难的，但是要细心。雨竹姐说你是个很聪明的女孩，相信你很快就能上手了。"余安妮甜甜一笑说："希望如此。"

余安妮在陈雅儿的帮助下，领取了各种办公用品，并一一摆放到办公桌上。刚开始工作，文件没几页，东西也不多，办公桌看上去还真是很清爽，左边放着电话，隔板处放着小型打印机，面前放着计算机，左手靠着隔板处摆放着文件盒，准备以后分门别类地放文件资料，小文具都放到了收纳盒中，真是不错。不过这样是不是太单调了？余安妮想了想，对了，自己包里有个小的玩具毛绒公仔，圆圆胖胖的小企鹅，十分可爱，将它摆放到桌子上一定很能增加情趣。另外，将自己照片拿来，放到相框中摆放到桌子上，也可以提醒自己要不断努力，不能觉得从此不需要勤奋学习了。

余安妮正想着，陈雅儿过来看了看，说："真不错，办公用品摆放的很合理啊。不过"，伸手拿起小企鹅，"这个很可爱，我也喜欢。但放到办公室不太合适啊。"

"怎么啦，这个小公仔一直陪着我呢。"它们一直都是安妮案头的宠物，从中学到大学，余安妮一副很吃惊的样子。

陈雅儿轻轻笑了，"这一来显得太幼稚，影响别人对你的印象，二来与整个办公室的风格不搭。"

"哦，这个不太合适吗？那我想放张我的照片做个装饰行不行呢？我觉得这样色彩太单调了。"

"最好不要，私人物品最好别出现在办公桌上。如果你想装饰的话，最好装饰些有公司元素的物品。公司也会有这些小摆件的，回头我给你些。另外，每年公司的公关宣传中也会有这些方面的设计比赛，安妮你有天分可以参与，公司有奖品、奖金，价值不菲呢。”

“哦，谢谢雅儿姐。还有什么需要注意的，请您教给我，省得我出错。”

“我看你做得很好了。这些资料是公司有关办公环境的一些条文说明，你看看，照着做就好了。有什么问题再说？”

“好的，我一定认真学习。”余安妮从陈雅儿手里接过资料，并开始阅读。

余安妮很快进入了工作状态。阳光公司的管理十分先进，各种规章制度规范、齐全，一旦违反了公司的规章制度，轻则接受主管批评，重则要进行经济处罚，直至开除。

余安妮的工作渐渐多起来了，她的工作台面上，再也无法像刚进入办公室时那样清爽了，作为工作人员，余安妮工作桌面上的文件开始不断地进行流转，笔、尺子、剪刀、小夹子、便签纸、方便贴等办公用品也随时都要用到。余安妮在上学的时候，养成一个不太好的习惯，一忙乱就想吃东西，瓜子、薯片、糖果等，有点零食放到嘴里，似乎就不觉得那么忙碌和单调了。结果她的桌面上总是会有一些果皮、纸屑，有时候还会有薯片残渣。平常她也会有些不好意思，但一忙起来就顾不上那么多了，按照余安妮的说法，这属于工作中的“加油”范畴。

这天余安妮一上班，陈雅儿就交给她一项任务：给以往与公司有过联系的一些客户打电话，邀请他们前来参加公司的一个活动。这些客户资料是从以往工作中积累和筛选下来的，陈雅儿给余安妮客户资料时，分了好几个文件夹。余安妮听清楚联络内容后，开始一一拨打电话。

电话打过去，有人接听并且联系成功的，余安妮就在一张纸上记录下来；有的没人接听，余安妮就将其资料记录到另一张纸上；有的人说暂时定不下来，等能决定的时候再联系，余安妮就在第三张纸上标明了再联系的字样。打电话的时候余安妮需要不停地与对方说明通话缘由，不一会儿就觉得口干舌燥，于是不时地向嘴里放点东西。

何雨竹从她的办公室出来路过余安妮这里，看了看余安妮说：“很忙啊，安妮，只是这桌子……”

余安妮赶忙站起来打招呼，低头一看，已经用过的、正在用的、还没有打开的电话通信录，横七竖八地堆了一桌子；电脑被推到一边，歪斜地对着自己；记录用纸上有刚剥下来的糖果包装纸；拆除装订用的拆钉器滚在一边，地面上还飘落了几页没来得及捡起来的内页……

“不好意思，雨竹姐，我真忙晕了，都没看到这么乱啊，我这就收拾。”余安妮手忙脚乱地收拾着。

“安妮，工作的时候资料要随放随好，你这样不分类地乱放，估计你也不太清楚哪些是用过的、哪些是没用过的，岂不是要一再重复检视？再说，上班的时候吃东西，不仅会影响你的工作形象，而且这些零食碎屑在办公室，极易招来小虫子，会影响环境的。我在那边，看到的就是你桌子上歪斜的电脑和堆放的这些文件，你一会儿翻这张纸，一会儿翻那张纸，忙得不亦乐乎。其实这些事情，先把流程、材料理顺了，就不会这么乱了。”

“好，我知道了。”余安妮听了何雨竹的指导，开始整理办公桌。

案例 2

将班上成立的两个公司分别设定为 A 公司和 B 公司。

商务旅游是近年发展最快的旅游项目之一，给我国旅游业的发展带来了新的契机，但中国商务旅游发展意识淡薄。A 公司在对我国商务旅游现状进行分析的基础上，提出我国商务旅游发展的战略性选择，关键在于对旅游资源的准确定位和培养具有创新能力的商务旅游人才。为此 A 公司总裁××等一行 7 人，准备到 B 公司所在城市考察商务旅游的资源、项目及合作渠道。

B 公司多年经营商务旅游业，主要针对经常往来于世界各地，洽谈业务、举办展览会等活动的客人，承办他们的订房、订票，甚至预订展位等服务，对商务旅游有一定的从业经验。公司总经理认为商务旅游是以经商为目的，把商业经营与旅行、观光结合起来的一种旅游形式，是商务旅游者花钱购买旅游、服务和商品的综合消费过程。中国商务旅游市场分为由从事商业活动的消费者所构成一般商务旅游市场、由政府公务人员形成的政务旅游市场、由科研人员和高校教师形成的学术旅游市场及其他商务旅游市场等。

现两家公司经过前期沟通，决定进一步进行我国商务旅游市场分析，找出其优劣势，发现其外部机遇和挑战，共同开发我国商务旅游市场，把握机遇，迎接挑战。

实训任务

任务列表

1. 根据案例 1 分组讨论：

（1）办公环境与生活环境有什么不同。

（2）如何通过办公环境的管理提高办公效率。

2. 根据案例 2 进行收发文处理。

（1）以 A 公司的名义写一封至 B 公司的函，协商前来考察事宜。

（2）以 B 公司的名义写一封至 A 公司的复函，欢迎其前来考察。

每个公司都要根据案例完成发文程序、收文程序各一遍。

任务要求

1. 分组讨论：讨论问题要深入，建议有实用价值。

2. 收发文处理：

（1）各公司提前分派好角色，指定同学扮演总经理、副总经理、办公室主任、秘书等。

（2）发文：

① A 公司根据所选择的案例，起草文件，并将草稿撰写好；

② A 公司秘书制作出“发文处理单”，并将其贴在文件封面上，供不同角色的同学进行审核、复核，签发，最终形成定稿；

③ 将文件加上版头，打印两份正本，要求格式规范、内容正确、富有条理、表达准确、打印工整。

④ 正本一份随定稿一起存档，另一份交给 B 公司。

⑤ 待 B 公司的文件送来后，再完成一遍收文处理程序。

（3）收文：

① B 公司秘书提前制作好“收文处理单”封面；

② 收到 A 公司发来的文件后，要将制作的“收文处理单”贴在文件封面上；

③ 填好“收文处理单”的信息后，交办公室主任提出拟办意见，再由副总经理、总经理批示，然后在小组内进行传阅，每位传阅者均要签上名字；

④ 处理完毕的文件由秘书归档保存；

⑤ 根据领导的意见起草复函，完成一遍发文处理程序。

（4）归档：

两个公司各归档一套收文材料、一套发文材料。

① 收文材料包括：对方来文+签署完整的收文处理单；

② 发文材料包括：文件定稿+文件正本+发文处理单。

知识回顾

（一）秘书人员的职业发展

秘书职业生涯规划是秘书从业人员对职业生涯乃至人生进行持续的、系统的计划的过程。一个完整的职业生涯规划由职业定位、目标设定和通道设计 3 个要素构成。

秘书职业生涯规划，是指秘书从业人员在对自我能力素质及性格特征全面剖析的基础上对所从事的职业进行全面认识，树立自我发展目标，有针对性地制定合理的自我职业发展中长期计划的职业管理行为。

在职业生涯规划中，职业确定以后，向哪一路线发展，秘书从业人员须做出抉择，以便使自己的学习、工作及各种行动措施沿着自己的职业生涯路线或预定的方向前进。通常，职业生涯路线的选择必须考虑以下 3 个问题：

（1）我想往哪一路线发展?

（2）我能往哪一路线发展?

（3）我可以往哪一路线发展?

回答上述 3 个问题，是秘书从业人员对“知己”“知彼”有关情况进行综合分析并加以利用的过程，以此确定自己的最佳职业生涯路线。

第一个问题是秘书从业人员通过对自己的价值、理想、成就动机和兴趣的分析来确定自己的目标取向。

第二个问题是秘书从业人员通过对自己的性格、特长、经历、学历及专业的分析来确定自己的能力取向。

第三个问题是秘书从业人员通过对自己所处的社会环境、经济环境、政治环境、组织环境分析来确定自己的机会取向。

1. 秘书职业生涯规划的制定

秘书职业生涯规划的制定概括起来主要包括以下 6 个方面的内容。

（1）自我分析。自我分析就是秘书从业人员要全面地了解自己。一个有效的职业生涯规划必须是秘书从业人员在客观、充分熟悉自身条件与相关环境的基础上进行的。秘书从业人员要审视自己、了解自己，做好自我评估，包括自己的爱好、特长、性格、学识、技能、智商、情商、思维方式等，即要弄清自己想干什么、能干什么，在众多的职业面前选择最适合自己的。秘书从业人员可以采用很多的测评工具进行自我分析，如 MBTI 职业性格测试、16PF 测试、霍兰德职业兴趣测验、艾克森人格测试问卷等测评工具，还可以进一步做相关的智商、情商测评等，以便尽可能深入地了解自己。秘书从业人员可以请自己的同事、家庭成员特别是挚交好友来评价自己，给自己一些意见，这些意见往往是很中肯的。自我分析还可以借助 SWOT 工具来进行。

（2）确立目标。确立目标是制定职业生涯规划的关键。通常，目标有短期目标、中期目标、长期目标和人生终极目标之分。中、长期目标需要个人经过长期艰苦的努力和不懈奋斗才有可能实现，确立中、长期目标时要立足现实、慎重选择、全面考虑，使之既有现实性又有前瞻性。短期目标更具体，对人的影响也更直接，同时也是中、长期目标的组成部分。

（3）环境分析。秘书从业人员在进行职业生涯规划时要充分了解与熟悉相关的环境，评估环境因素对自己职业生涯发展的影响，分析环境条件的特点、发展、变化情况，把握环境因素的优势与限制，了解本专业、本行业的地位、形势及发展趋势。

（4）职业定位。职业定位就是秘书从业人员要为职业目标与自己的潜能及主（客）观条件谋求最佳匹配。良好的职业定位是以秘书从业人员自己的最佳才能、最优性格、最大爱好、最有利的环境等信息为依据的。在职业定位的过程中秘书从业人员要考虑性格与职业的匹配、爱好与职业的匹配、特长与职业的匹配、专业与职业的匹配等。职业锚可以帮助秘书从业人员做好职业定位，因此秘书从业人员分析和确定自己的职业锚很关键。同时，职业定位应注重：

① 依据客观现实，考虑个人与社会、单位的关系；

② 比较鉴别，比较职业的条件、要求、性质与自身条件的匹配情况，选择条件更合适、更符合自己的特长、爱好，经过努力能很快胜任、有发展前途的职业；

③ 扬长避短，看主要方面，不要追求十全十美的职业；

④ 审时度势，及时调整，要根据情况的变化及时调整择业目标，不能一成不变。

（5）实施策略。实施策略就是秘书从业人员要制定实现职业生涯目标的行动方案，要有具体的行为措施来保证。没有行动，职业目标就是一种梦想。秘书从业人员要制定周详的行动方案，更要注重落实行动方案。按照规划的短期目标、中期目标、长期目标，执行阶段性的行动方案，再将阶段性的行动方案细化到日常可操作的层面。

（6）评估与反馈。职业生涯规划要在实施中去检验效果，因此秘书从业人员要及时地诊断职业生涯规划中各个环节出现的问题，找出相应的对策，对规划进行调整与完善。整个规划流程中正确的自我评价是最为基础、最为核心的环节，这一环节做不好或出现偏差，就会导致整个职业生涯规划出现问题。

2. 秘书的职业发展

秘书是每个组织都需要的人才，目前各行各业对秘书的要求也在不断提高，拥有高学历的高级秘书正逐渐成为人才市场上的紧俏资源。秘书的职业发展方向大致有以下 5 个方面。

（1）行政类。秘书直接过渡升任为行政管理主任、办公室主任、综合管理部主任等职位，这些案例常见于政府部门、大型企业等。

（2）助理类。秘书通过努力发展成为董事长助理、总经理助理等领导助理。

（3）人事类。秘书可以发展成为人力资源经理、主管、总监。

（4）公关类。秘书可以从主要负责接待、协调工作入手过渡升任为公关经理、客户经理，这种案例在餐饮业比较常见。

（5）业务类。秘书如果平时跟着老板接触业务工作较多，可以进一步发展成为商务主管、业务经理等。

（二）办公环境管理

「视频」

办公环境管理

1. 办公环境的构成要素

（1）办公空间。工作人员要保证有足够的办公空间，从节约空间成本及人体健康的角度考虑，办公室工作人员的办公空间至少要保证每人 $1.5m^2$，以不超过每人 $10m^2$ 为佳。办公条件好的，个人办公空间可以在 $3～10m^2$；条件一般的，个人办公空间要控制在 $1.5～8m^2$，同时还必须保证有合适安放办公设备的位置，以及工作人员在操作办公设备时所必需的足够空间。

（2）光线。办公室工作多在室内进行，因此要注意光线的适宜，光线不能过强和过暗，以保证办公室工作人员的视力健康。办公室光线应该以自然光源为主，但不能直射到人的脸部或办公设备上。如果光线过强，则需要在窗户上安装百叶窗或窗帘进行调节；如果光线过暗，则需要添加人造光源作照明辅助。人造光源最好使用顶灯或壁灯，光线宜从工作人员的斜后上方投射而入。

（3）温度。办公室的温度要保证适宜，一般情况下，应以男士穿着西装不会出汗、女士穿着裙装不冷为佳。大多数办公室的温度一般调整在20～25℃。会客室和会议室，因为不常使用，以及使用时人群相对集中的特点，温度可以略微调低些，但一般来说不能低于16℃。目前，在绿色环保的大环境下，某些企业为了进行企业文化建设，可以在夏季或冬季将温度适当地设高或调低一些，这样既不会影响员工的感受，同时也可以节能减排，提高员工的节能意识，履行企业的社会责任。

（4）空气环境。办公室的空气环境主要由空气的温度、流通度、湿度与清洁度4个基本因素组成。空气环境质量的好坏，直接影响员工的身体健康及心理状况，因此办公室要做到勤通风、可遮阳、可调节湿度、保证良好的卫生状况。在条件允许的情况下，应该添置相关设备，如空调、加湿器等，也可以种植一些绿色植物，既可以净化空气，又可以愉悦员工身心。

（5）声音环境。办公室工作应该保证不受声音的打扰，要保持肃静、安宁。企业可以通过在办公室内铺置地毯降低走动产生的噪声，装隔音设备避免外部噪声的干扰，远离工作区集中摆放办公设备以隔离工作中设备的噪声，制定规章制度减少交谈频率，改变办公空间设计以减少相互干扰等方式减少办公噪声。

2. 个人办公环境的要求

个人办公环境主要是指特定办公室工作人员的工作地点、设备和用品等情况。员工个人的办公空间，不仅代表员工个人形象，也整体反映企业的管理水平和制度建设。因此，企业必须制定个人办公环境建设的基本标准，以保证制度化管理能够顺利实施。

（1）员工要保持办公台面、地面、墙壁、家具及所使用办公设备的清洁，保持会客室和会议室的清洁，保持办公公共区域的清洁。

（2）员工要保持办公桌面的整齐有序，办公文件和办公用具要分类摆放，办公设备要摆放到适合工作的地方。零碎用品要使用收纳盒归置，不能摆放个人色彩很鲜明的东西。

（3）办公设备及办公用品要定期进行清洁和消毒处理。

（4）每次工作完毕，要对工作中使用的办公用品进行及时整理，要及时、安全、恰当地处理剩余物品，要保证工作现场恢复到开始状态。

（5）员工要对办公设备和办公用品定期进行安全状态检查。保证电线的安全整齐，防止出现破损、插头松动、漏电等现象，保证办公设备能够正常使用，保证办公用品的充足储备等。

（6）员工离开办公座位前，应保证办公设备处于待用或关闭状态，保证办公资料处于安全状态。下班离开前，要认真检查电脑、电灯、空调、饮水机等办公设备设施是否关闭，关闭电源，检查抽屉、门窗是否上锁。

温馨提示

「视频」

办公室易患的“现代职业病”

办公室易患的“现代职业病”

公司白领久居办公室，缺乏运动、长时间面对电脑屏幕等，都会给健康带来隐患，容易患上“现代职业病”。

1. 电脑眼

白领们用眼过度、近距离用眼，睫状肌不间断工作，可能导致睫状肌痉挛，从而出现眼胀、眼酸，记忆力、注意力下降，反射性头痛，严重时还会出现恶心、呕吐，临床上称为“视疲劳”。

应对：

大部分人喜欢使用润眼类眼药水，不舒服了就点一点，但眼药水使用过多也有副作用，不如来学学护眼小妙招。

放松双肩，竖直背部。双手手臂向前伸出，与肩同高；然后右臂平伸，右手握拳，拇指向上竖起。左臂从关节处向面部弯曲，左手大拇指指向鼻梁处。保持与颈部不动，双眼视线看右手大拇指，再移回到左手大拇指。练习 10～20 次后休息。

2. 屏幕脸

白领们每天都要和电脑打交道，有的甚至超过 8 小时，长时间的电脑辐射会产成脸色暗黄、眼睛浮肿、黑眼圈等问题。除此之外，办公室里的打印机等设备在使用时都是有一定辐射危害的，长时间接触对身体健康有一定的影响。

应对：

多喝水，多吃蔬菜和水果，增加各种维生素的补充。

3. 白骨颈

每个职场“白骨精”都有一根职场“白骨颈”。错误姿势及工作压力，让颈部肌肉间的筋膜渐渐黏附在周围的组织上，造成肌肉僵化，而僵化就是老化的开始，颈椎也因无法获得适当的支持而难以正常运作。

应对：

每天做有氧、健身运动，最好每日 30 分钟。有氧及健身运动能帮助维持心肺功能，拉伸并调整关节，保持肌肉、血管与各项器官的健康运转。

4. 鼠标手

每天长时间使用电脑和鼠标，导致腕部或手指僵硬、麻痹、肿胀、疼痛、无力，可能就是患上了腕管综合征，俗称鼠标手。女性患上鼠标手的可能性是男性的 5 倍，电脑族一定要当心。

应对：连续使用电脑时间不要过长，保持正确的坐姿，最好使用腕垫来缓解疲劳。此外，每次使用鼠标 1 小时后，做做手腕运动：平伸双臂，握拳后以手臂为轴心，向内旋转拳头，连续保持转动的姿势 15～20 秒钟，然后反方向继续进行一次。

5. 办公臀

臀部和腰腹部都是脂肪比较容易堆积的部位，久坐缺乏锻炼的人，脂肪的堆积速度要比经常运动的人快很多，更容易形成办公臀。不仅影响美观，还容易患肥胖症、代谢综合征、心脑血管疾病，引起腰椎、关节问题等。

应对：

臀部脂肪很难减掉，应严格控制糖的摄入，多喝水、多吃鱼，减少臀部脂肪的堆积。平时多爬爬楼梯，做做后踢腿，将臀部肌肉调动起来。沐浴前按摩，促进臀部血液循环，放松臀部肌肉，缓解紧绷感，从而预防久坐臀部疼痛。

（三）文档管理

1．收文处理程序

收文处理程序一般包括签收登记、审核、拟办、批办、承办、催办、查办、签注等程序。以下对收文处理程序的几个主要环节进行介绍。

（1）签收登记。文件的签收登记是管理文件的一项必要措施，是文书处理工作的一项重要制度，执行要严格，手续要清楚。具体是由收发人员在对方要求的发文登记簿上签字；在收到的文件左上方空白处盖收文章，并填写收文时间和顺序号等；在收文登记簿上进行登记，登记的项目有顺序号、收文日期、来文机关、来文文号、机密等级、标题、签收人、备注等，登记顺序一般按年、月、日流水登记。

（2）审核。收到下级机关上报的需要办理的公文，应当进行审核，审核的重点：是否应当由本机关办理；是否符合行文规则；是否符合国家法律、规范等。

（3）拟办。办公室（秘书科、综合科）在收到登记后的文件后，按文件内容和办理要求，提出建议、提示，应送给谁或哪一个部门办理等意见，以供参考。

（4）批办，是由本单位负责人对文件应由谁或哪一个部门办理及如何处理等写出批示意见。

（5）承办，是指具体科室或人员按领导批示意见和文件本身的要求进行具体办理的过程。

（6）催办，是办公室（秘书科、综合科）对文件的承办进行检查和督促。

（7）查办，是办公室（秘书科、综合科）通知、催促有关单位或部门检查其所承办文件的办理情况。

（8）签注，是由承办人在文件处理单上注明该文件的办理情况或结果。

2．收文处理注意事项

收文处理虽然不是一件很复杂的工作，但如果秘书人员不细心办理，不按规章制度进行，也容易出现问题，甚至会影响企业日常工作的正常进行。收文处理需要注意的事项包括以下几点。

（1）及时。收文处理整个过程都应该强调及时，及时登记、及时传阅、及时交办，不拖拉、不积压，文件传阅后要及时收回。

（2）准确。第一，收文登记要准确，来文单位、文件标题、来文时间都应该准确无误。第二，拆封时要进行核对，看看有没有错送或漏送的情况。第三，准确分清文种，因为不同的文种在重要程度和处理时效上会有一些区别。第四，还要分清是阅文还是办文，如果是阅文，只是让领导过目，需要组织传阅；如果是办文，需要具体的部门办理，则要准确送达，并进行催办。

（3）照章。收文处理应照章处理，注意文件的归口和阅览范围，严禁随意扩散文件中的内容；注意处理的程序，一般先由办公室领导提出拟办意见，根据拟办意见进行处理；组织传阅时除要注意阅文的先后顺序外，还要强调文件到阅文人手中后不能自行横传。

（4）填单。公司收文之后，秘书人员应填写好文件呈批传阅单或收文处理单（见表 1-1）附在收到的文件上，然后按其中的栏目找到相关责任人完成拟办、分发、传阅、批办、承办、签注等环节。

表 1-1　收文处理单

来文单位				文件标题			
件数		份数		文件字号		处理意见	
办公室领导拟办处理意见							
领导批示							
传阅签名							
处理结果							

3．发文处理程序

发文处理程序一般包括：拟稿、核稿、签发、编号、复核、缮印、校对、用印、登记、分发、归档等环节。

（1）拟稿，是指撰拟公文文稿，是根据领导的交拟意见或批办意见起草文件的工作。拟稿是发文处理的第一道程序，是关系到文件质量的基础工作，秘书人员必须认真对待。所拟文稿应该内容完整、条理清楚、格式正确，相关的附件齐全，版式不能有任何差错。

（2）核稿，是指办公部门或负责拟稿的业务部门的领导人对撰稿进行审查。核稿一般由办公室分管文字的负责人在草稿未送主管领导审批之前，依据公文的基本要求，对草稿的体式、内容等进行全面的审核。核稿不仅要对文件的内容把关，还要对文件的格式、版式等各方面进行把关。

（3）签发，是指单位主管领导对审核过的文稿进行最后审定并签署印发。签发时领导要写明意见并签名，同时还要写上日期。签发是单位领导对文稿的最后审批，文件草稿经领导签发后，即成为最后定稿，文件据此生效。文件签发单上因有领导的签发意见，所以也应同文件正本一起归档保存。

（4）编号，文稿经单位领导签发后，要进行编号登记，防止发文混乱。应按公文格式规定的方法进行编号，一般由发文机关代字、发文年份和该年度发文序号 3 个部分组成，如××字〔××××〕×号。

（5）复核，是指公文在正式印制前，秘书人员对其进行复查审核，主要审核处理程序、附件材料、文件格式等方面。

（6）缮印和校对。按规定手续经过签发的文件，即可缮印，并对印好的文稿进行校对，避免出现差错。在缮印过程中，必须做到：

① 必须以经单位领导签发后的定稿为依据，忠于原稿，不得随意改动，确须改动的要报经签发人批准；

② 注意排版艺术，版面的编排要美观大方、赏心悦目；

③ 注意保密，文印人员不得让别人随便翻阅文稿，对印制的底板、清样、废页也要妥善保管，防止泄密。

校对是文件制发过程中的一个重要环节，也是秘书人员的一项重要工作，这项工作完成的好坏，直接关系到文件处理的速度和准确性，秘书人员要认真校对，保证不出错漏；要坚持三校制度，一校由起草者进行，二校由核稿人员进行，三校最好由部门负责人进行。校对时要以文件定稿为基准，进行认真、仔细的校对，连标点符号也不能放过，把住文件制发的最后一关。

（7）用印。用印是在制成的公文上加盖单位印章，这是公文生效取信的凭证。用印要做到端正、清晰、位置恰当，即所谓“上不压正文，下要骑年盖月”。

（8）登记，指在文件用印封发之前，对文件主要内容进行登记检查。

（9）分发，是指将文件按收文对象的不同，分派给不同的单位或部门。发放文件时，必须建立发文登记簿，严格履行收文人签字手续，以保证文件发放不出差错。

（10）归档，本单位的发文最好将文件的正本、定稿及文件发文处理单一同归档保存。归档是发文处理工作最后一道工序，即秘书人员将制成的文件连同文稿一起，按正本在上、定稿在下的顺序收集起来，年终按文书档案管理的要求，整理归档。发文处理单如表 1-2 所示。

表 1-2　发文处理单

<table>
<tr><td colspan="4">文号：　　　　发〔　　〕　号</td></tr>
<tr><td colspan="2">签　发：</td><td colspan="2">核　稿：</td></tr>
<tr><td>负责部门</td><td>负责人</td><td>拟稿人</td><td>拟稿日期</td></tr>
<tr><td></td><td></td><td></td><td>年　月　日</td></tr>
<tr><td colspan="4">标题：</td></tr>
</table>

续表

附件：			
主题词：			
主送：			
抄送：			
打　字		校　对	
日　期	年　月　日	印　数	份

4．文件归档

（1）归档范围。根据国家档案局《机关文件材料归档范围和文书档案保管期限规定》及国家档案局、国务院国有资产监督管理委员会《国有企业文件材料归档办法》规定，凡属归档范围的文件材料，必须按有关规定向本单位负责档案工作的部门移交，实行集中统一管理，任何个人不得据为己有或拒绝归档。下面分别介绍机关文件材料与企业文件材料的归档范围。

依据国家档案局颁发的《机关文件材料归档范围和文书档案保管期限规定》，机关文件材料归档范围如下：

① 反映本机关主要职能活动和基本历史面貌的，对本机关工作、国家建设和历史研究具有利用价值的文件材料；

② 机关工作活动中形成的在维护国家、集体和公民权益等方面具有凭证价值的文件材料；

③ 本机关需要贯彻执行的上级机关、同级机关的文件材料；下级机关报送的重要文件材料；

④ 其他对本机关工作具有查考价值的文件材料。

机关文件材料不归档的范围如下：

① 上级机关的文件材料中，普发性不须本机关办理的文件材料，任免、奖惩非本机关工作人员的文件材料，供工作参考的抄件等；

② 本机关文件材料中的重份文件，无查考利用价值的事务性、临时性文件，一般性文件的历次修改稿、各次校对稿，无特殊保存价值的信封，不需要办理的一般性人民来信、电话记录，机关内部互相抄送的文件材料，本机关负责人兼任外单位职务形成的与本机关无关的文件材料，有关工作参考的文件材料；

③ 同级机关的文件材料中，不须贯彻执行的文件材料，不须办理的抄送文件材料；

④ 下级机关的文件材料中，供参阅的简报、情况反映，抄报或越级抄报的文件材料。

（2）归档文件材料来源。前述归档范围的文件材料，主要有以下4个方面的来源。

① 本机关形成的文件材料，包括：本级召开的党的代表大会，人民代表大会，政治协商会议，工会、共青团、妇联代表大会的文件材料；本级党委、人大、政协、纪检会、共青团、工会、妇联的常委会、执委会、主席团、全体委员会会议、政府常务会、办公会议的文件材料；本机关党组（党委、党支部）会议和行政办公会议的纪要、记录；本机关召开工作会议、专题会议的文件材料；本机关联合主办、协办召开会议的文件材料；本机关

承办国际性会议、大型展览会、博览会的文件材料；本机关制发的各种业务文件、请示、批复、工作计划、总结等文件材料；本机关编写的大事记、组织沿革、简报、情况反映、规章制度；本机关机构编制、干部人事、党、团、纪检、工会、保卫、信访工作形成的文件材料；本机关事务管理工作形成的文件材料等。

② 上级机关制发的文件材料，包括：上级机关制发的属于本机关主管业务的文件材料；上级机关制发的属于非本机关主管业务但要贯彻执行的文件材料；上级机关制发的关于本机关机构设置、领导人任免、人员编制等文件材料。

③ 同级机关制发的非本机关主管业务但要贯彻执行的文件材料。

④ 下级机关报送的报告、计划、总结、统计材料。

（3）归档管理。

① 严格登记。归档可以使用计算机登记或收（发）文登记簿登记。登记的内容包括：来文的文件题名、责任者、密级、收文编号、收文时间等。

② 平时归类。秘书人员在公文办理完毕后，要及时把文件归入有关类目，就是文件的平时归类工作。做好平时归类工作，有利于文件收集的齐全完整；有利于提高档案的整理质量；有利于公文的查找利用和安全保密；有利于提高文书管理水平和行政工作效率。

归类时要编制好平时归类的类目。平时归类的类目是在年初公文还没有形成前，根据本单位工作活动和文件形成的规律，对一年内可能产生的文件按照归档要求和方法预拟的分类方案。常用的分类方法有两种：一是按问题分类，即按文件内容所反映的问题分类；二是按组织机构分类，即按单位内的组织机构分类，有几个机构就设几类，机构的名称就是类的名称。

确定了文书的归类类目后，秘书人员在公文办理完毕后，要及时把文件归入有关类目。

③ 及时检查。对于已经归类的文件，秘书人员还要注意及时检查，防止有漏分或错分的情况，特别要注意将不同保存期限的文件分别进行归类，避免给以后工作带来麻烦。

④ 注意"账外"文件的收集。"账外"文件，就是未经收（发）登记的文件，主要包括：外出开会或参加活动带回来的文件，重点收集对象是单位领导；直接送到承办部门的文件，重点收集对象是业务科室；内部文件，如规章制度、会议记录、图表、名册、书刊、会议材料等，重点收集对象是单位的综合管理部门。

（4）归档时间。对于一般的公文通常按年度接收归档，即在第二年的上半年，将上一年形成的文件整理后，办理交接归档手续。但根据单位的具体情况也可以随办随档，即将办理完的文件即时归档，但由此可能造成期限不准确、无法人为排序、同一事由文件过于分散、件号随机等问题。

针对以上情况，秘书人员可以分两步进行操作：平时录入、整理，但暂不定件号；次年集中统一编制件号。

（5）归档要求。概括地说，文书档案的归档要求是：齐全完整、系统科学、优质精练、及时迅速、手续完备。

① 归档的文件种类、份数及每份文件的份数均应齐全完整。有文件发文稿纸、文件处理单的，应与文件正本、定稿一并归档。已破损的文件应予修整，字迹模糊或易褪色的文件应予以复制。

② 遵循文件形成的规律，保持文件之间的有机联系，区分不同价值，便于保管和利用。

③ 归档文件应为原件，联合召开会议、联合行文所形成的文件材料原件应由主办方归档，其他单位以复制件或副本归档。

④ 归档文件使用的书写材料、纸张、装订材料等应符合档案保护要求。比如：字迹材料要符合耐久性的要求；文件尺寸大于 A4 规格的，要按 A4 规格进行折叠或裁剪，小于 A4 规格的要进行托裱；会生锈的金属物，在归档时都必须去掉，用线或对纸张无损害的材料进行装订。

⑤ 认真履行归档手续。文书处理部门或业务部门向档案部门移交档案时，交接双方应根据案卷目录详细清点，经过认真核对后，若确认无误，双方即可履行签字手续，并将案卷目录中的一份由档案部门签字，交还移交单位妥善保存。必要时，移交单位必须编写归档文件简要说明，交接双方还应填写交接清单或移交清单。

实训检测

姓　　名		完成时间		所属小组	
标准分值/分	考核项目		小组给分	教师给分	建　　议
20	问题讨论充分，建议合理				
20	收文处理程序完整				
10	收文处理单制作规范、填写清楚				
20	发文处理程序完整				
10	发文处理单制作规范、填写清楚				
20	归档材材料完整规范				

实训总结

模　　块	一	任务编号	1-4	任务名称	秘书入职基础	
实训课时	4	实训地点			指导教师	
实训学生						

- 我通过以下方式为项目工作做出了贡献：

- 在这个项目中，对我来说比较困难的事情有：

- 改变这种困难的状态我可以采取以下方法：

- 我需要做以下一些事情，使我们项目的工作更加高效：

职场故事连载——初出茅庐 4

上班的头几天，余安妮一直处于兴奋和好奇之中。她坐在宽敞明亮的办公室里有时甚至不敢相信这一切都是真的。几天前，她还坐在教室里，努力做一个好学生，觉得工作、职场、公司……这些都遥不可及，在一家大公司里做白领，那简直是做梦，现在居然梦想成真了。不过她努力提醒自己，这只是开始，自己的职业生涯还长着呢。但一名秘书能够有什么样的发展，未来会有怎样的晋升机会，她好像还一无所知。

这天她在邮箱里整理邮件，一份班主任老师分享的文章吸引了她……

拓展阅读

在企业中，秘书属于服务性、支持性岗位，想要做出成绩，谋得更大的发展，没那么简单。根据公司规模、层级、工作内容的不同，秘书的定位和发展大有不同。针对五大类秘书在职业生涯发展上的不同情况，专家团队给出了个性化建议。

1. 项目管理型——能力牛人

发展指数：★★★★

被替代指数：★

点评：这一类秘书的能力强，专业度高，深得老板信任和认可。

发展建议：有能力可慢慢独当一面，担任分公司的总经理、副总等。但身为秘书的你，岗位相对比较特殊，靠老板很近的时候，也许离同事就远了，难免让人产生距离感和不信任感，这样的状态会对你以后的工作不利。在各种重大项目的磨炼中提升管理能力的同时，也要注意处理好人际关系，广聚人缘，同时笼络好上下级的人心，为将来晋升到更高层面的管理职位奠定基础。

2. 管家型——内务大总管

发展指数：★★★

被替代指数：★★

点评：对整个公司的发展、业务流程和存在的问题都了如指掌，甚至对身边的每个同事的能力都心中有数，所以老板放心把公司内部的事务交给你打理。

发展建议：这类秘书的协调能力比较强，能兼顾全局，努力可成为公司管理层的一员。一般公司的内部事务主要是行政和人事两大方面，看你的工作能力更偏重于哪一方面，不断在工作中积累经验，加强学习，主动寻找对自己发展有利的机会，朝行政总监或人事总监的方向迈进。此外，处理好人际关系也同样重要，不能对同事用居高临下的态度，以免被大家孤立，不利于管理工作的开展。

3. 文书型——码字狂人

发展指数：★★★

被替代指数：★★★

点评：笔杆子上的功夫就是靠日积月累写稿子练出来的，这类的秘书，锻炼出来的都是文笔很好的码字狂人，文采飞扬，是公司里的“笔杆子”。

发展建议：文书型的秘书多出现在国企或事业单位。一般在国企或事业单位里会有宣传部，可以考虑向宣传部这样的部门靠拢。如果想要换换工作环境，也可以往企业专业文案、专业策划岗位方向发展。

4. 保姆型——贴身随从

发展指数：★★

被替代指数：★★★

点评：帮老板处理私事或家事的秘书多在私企，主要是外企高层管理者的贴身秘书，有的甚至还兼职司机，如保姆、随从般跟在老板身边，工作的同时还要料理他的生活。

发展建议：这类秘书有能力，但核心竞争力往往比较弱，每天处理一堆琐事。不安于现状的话，就要有意识地在工作岗位上多发掘学习和积累经验的机会，多利用“老板”这个资源，发展人脉关系，为自己的将来谋划出路。该类型较适合往后勤工作方向发展。

5. 打杂型——无所不做、“万精油”

发展指数：★★

被替代指数：★★★★

点评：工作没有重心，专业度很低，被替代性非常高。

发展建议：这类秘书要做好职业定位的功课。如果你现在正在这样的岗位上工作，那么请立即开始深入了解自己的兴趣和能力所在吧，重新审视自己的职业定位。与其像“万精油”一样，不如专攻某个方向，提升自己的核心竞争力。

核心竞争力是职业人生存的利器，是体现个人商业价值的重要依据。无论你在哪家企业任职，也不管该企业是否知名，做着什么样的工作，想要成为这个领域或岗位上不可替代的达人，就必须知道自己未来的发展方向和职业目标，并不断积累和提升自己的综合能力，才能化解被替代的风险。

资料来源： http: //blog.sina.com.cn/s/blog_4951c335010155h0.html（有删减）

模块二

公司组建与团队建设

任务一　公司组建与人员分配

实训准备

模　块	二	任务编号	2-1	任务名称	公司组建与人员分配	
实训课时	4	实训地点			指导教师	
实训学生						
实训目的	掌握公司组建的工作程序和工作方法					
提交资料	1. 公司组织架构图及人员分工 2. 公司章程及规章制度					

实训案例

在上一模块的任务三中，已选定的两位总经理，应与老师积极配合，在把全班同学分为两个组后，各带一个组，着手公司组建的相关工作。

公司的业务范围由同学们自行选定，但两个公司的业务不能重复，同时选择的业务要有一定的关联性，以便后续实训的项目设计。公司都设 4 个部门，各选出部门经理 1 人，部门员工根据班上实际人数来确定。4 个部门应包括行政部、人力资源部、财务部和业务部，其中业务部具体名称可根据公司的职能和主要业务自行设置。

公司不同职位的职责如下：

- 总经理：1 个公司设 1 名总经理，主要负责公司的组建、各部门负责人的任命、布置公司日常工作、分配工作任务、协调各部门工作的开展。
- 部门经理：每个公司有 4 个部门，各设部门经理 1 人，主要负责接受总经理分派的工作任务，并对任务进行分解，将工作任务合理分配给部门员工，并对部门进行日常管理，负责建设良好的团队文化。
- 部门员工：主要负责完成公司的日常工作任务，积极与本部门的其他员工进行配合，做好团队合作。

实训任务

任务列表

1. 班级同学自愿分成两个小组，组建两个公司。

2. 提前选出的两位总经理领导自己的员工，根据公司的工作内容，完成组织架构图设计，明确各部门职能，制定公司规章制度。

3. 列出公司注册的流程。

4. 制作公司的模拟公章。

任务要求

1. 每个公司都应认真进行公司架构的设计，并提交公司组织架构图及人员分工。

2. 各个部门职能明确，任务分配到位。

3. 公司章程内容完整，格式规范。

4. 公司注册流程符合国家规定。

知识回顾

（一）企业的类型

1. 个人所有制企业

个人所有制企业是由个人出资兴办的企业，也称独资企业。个人所有制企业财产由投资人个人所有，投资人以其个人财产对企业债务承担无限责任。这种个人投资、个人经营的企业一般生产规模比较小，生产经营结构单一。

2. 合伙制企业

合伙制企业往往是个人所有制企业的扩张形式，它是由 2 人或 2 人以上的自然人、法人和其他组织联合出资兴办的，通过签订合伙协议或合伙经营合同分享企业所得，并对企业债务共同承担责任。合伙人可以以资金或者其他财务出资，也可以以商标、劳务、专利等出资。合伙制企业财产由全体合伙人共有，合伙人对企业债务承担连带无限清偿责任。合伙制企业适用于管理不复杂、规模较小的生产经营或服务行业，如会计事务所、律师事务所等。

3. 公司制企业

公司制企业是指按照法律规定，由法定人数以上的投资者（或股东）出资建立、自主经营、自负盈亏、具有法人资格的经济组织。我国目前的公司制企业有有限责任公司和股份有限公司两种形式。

（1）有限责任公司，简称有限公司，由 50 个以下的股东出资设立，每个股东以其所认缴的出资额为限对公司承担有限责任，公司法人以其全部资产对公司债务承担全部责任的经济组织。有限责任公司包括国有独资公司及其他有限责任公司。

（2）股份有限公司。股份有限公司是依法设立的，其全部股本分为等额股份，股东以其所持股份为限对公司承担责任，公司以其全部资产对公司的债务承担责任。设立股份有限公司，应当有 2 人以上 200 以下为发起人。股份有限公司是典型的资合公司，它的信用基础是它的全部资本，其资本划分为均等的股份，资本的股份化不仅使公司便于公开发行股票，募集社会资金，而且便于公司核算、股东表决权的行使和股利的分配。

（二）公司组建

1. 公司组建的必备信息（见图 2-1）

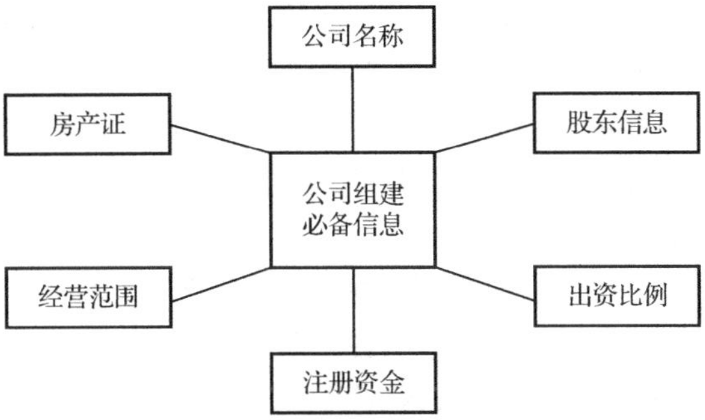

图 2-1　公司组建必备信息

（1）公司名称。企业申请登记企业名称时，应报当地工商管理局核定，经核准通过后方可使用，并在规定范围内享有专用权。

企业取名小技巧

注册公司怎么起名字更容易通过审核？申请登记注册的企业名称应当符合《企业名称登记管理规定》《企业名称登记管理实施办法》及相关法律法规的规定，申请的名称应由行政区划、字号、行业、组织形式依次组成。除国务院决定设立的企业外，企业不得冠以“中国”、“中华”、“全国”、“国家”或“国际”等字样。

还应该注意，企业名称不得包含以下内容的文字：

（1）有损国家、社会利益的；

（2）可能给公众造成欺骗或者误解的；

（3）外国国家（地区）名称、国际组织名称；

（4）政党名称、党政军机关名称、群众组织名称、社会团体名称及部队番号；

（5）外国文字、汉语拼音字母、阿拉伯数字；

（6）其他法律、行政法规禁止的。

（2）房产证。创业者需要为公司选择办公地址，选好地址后要到房管局备案。如果是租赁的房屋，需要向房东索要房产复印件，在注册时，要提供办公地址的租赁合同和房产证复印件。

（3）股东信息。如果是合伙创办的公司，在注册过程中还要提供各个股东的个人信息资料，包括公司法人代表、各位股东的身份证原件、复印件、照片等。

（4）出资比例。根据《中华人民共和国公司法》（简称《公司法》）的规定，注册企业时除资金外，还可以把经国家权威评估机构评估作价后的实物、知识产权、土地使用权等用作公司注册资本。

（5）注册资金。根据《公司法》规定，除对公司注册资本最低限额有另行规定的外，不再限制公司设立时股东（发起人）的首次出资比例及货币出资比例。

（6）经营范围。经营范围是指企业可以从事的生产经营与服务项目，是进行公司注册申请时的必填项。经营范围一经核准登记，企业就具有了在这个范围内的权利能力，企业同时承担不得超越范围经营的义务，一旦超越，不仅不受法律保护，而且要受到处罚。

2. 公司注册的流程

公司注册是公司正式合法运营的第一步，一般来说，公司注册的流程包括：公司名称核查→确定公司注册地址→提交相关资料→申请营业执照→领取营业执照→刻制公司印章→开立基本账户。完成了公司注册，可以开业了。但是公司想要正式开始经营，还需要办理以下事项：税务登记及报税→社保登记→申请税控及发票→申请商标。

步骤一：公司名称核查

到当地工商管理局（简称工商局）领取一张“企业（字号）名称预先核准申请表”，填写准备取的公司名称，至少想好5个名字作为备用，由工商局人员通过系统进行审查名称是否被占用，如果没有被占用，就可以使用这个名称，工商局会给一份“企业（字号）名称预先核准通知书”。

步骤二：确定公司注册地址

公司的注册地址应当是具体、真实的，一般是产权房或租赁的房屋。不同城市对公司的注册地址要求不一样，具体应以当地工商局要求为准。

步骤三：提供相关资料

公司名称核查通过后，可以把事先已经准备齐全的工商局要求提供的资料一起交上，主要有公司章程、法人及股东信息资料等，提交这些资料后，还需要经工商局再审核。

步骤四：申请营业执照

以上所提交的资料审核通过后，就可以开始申请营业执照了。申请营业执照需要填写相关表格，同时提供公司名称核查通过的通知书、公司章程及相关合同等，待工商局再次进行审核。

步骤五：领取营业执照

营业执照审核通过后，就可以去工商局领取最新版营业执照的正副本了，现在的营业执照都是五证（工商营业执照、国税证、地税证、企业机构代码证、社会统一代码证）合一的。

步骤六：刻制公司印章

刻章需要到持有《特种行业许可证》的刻制单位刻制工章。由于国家公安部对办理刻制印章的手续未做统一规定，所以各地机关对刻制印章手续的规定有所不同。

步骤七：开立基本账户

凭营业执照去银行开立基本账号。这样一家新的公司就注册完成了。

企业经营不可不知道的税务知识

一、没有税款要缴，也要进行纳税申报

企业纳税申报是一项企业应尽的义务与责任，无论是否有税款要缴纳，都要定期进行纳税申报，否则将会受到相关部门的处罚。

二、不能关门一走了之，“任性”会付出惨痛代价

如果公司不走正常税务注销登记程序，公司和相关责任人都会留下不良信用记录，而且会因纳税人逾期申报持续产生罚款，产生很大经济损失。

三、企业被认定为一般纳税人，资格不能再转

企业一经认定为一般纳税人之后，不得转为小规模纳税人。

四、做好发票保管工作，丢失须承担罚款

当普通发票丢失时，当事人应立即向当地税务机关办理挂失报备业务，不按要求保管恶意丢失者将会受到1万以下的罚款，情节严重的，处1万元以上3万元以下的罚款；违规使用发票，有违法所得的予以没收。

五、接受税务检查，但要求其出示相关文件

税务机关在派出人员进行税务检查的时候，未出示税务检查证和税务检查通知书，企业可以拒绝检查。

六、依照程序调取账簿，移交税务要收据

税务机关有权调取企业账簿，但必须出具相关文件；调取账簿也有时限规定，调取当前账簿应在30天内归还，调取以往年度账簿，应在3个月内归还。

成立公司之后的注意事项。

（1）税务登记及报税。根据2015年修正的《中华人民共和国税收征收管理法》规定：从事生产、经营的纳税人自领取营业执照之日起30日内，持有关证件，向税务机关申报办理税务登记。公司成立后的第一个月开始，会计就需要每月记账并向税务机关申报纳税。

（2）社保登记。根据《中华人民共和国社会保险法》规定，用人单位应当自成立之日起30日内凭营业执照、登记书或单位印章，向当地社会保险经办机构申请办理社会保险登记。

（3）申请税控及发票，公司如须自行开具发票，还需要申办税控器，参加税控使用培训，核定申请发票。完成申请后，公司可自行开具发票。

（4）申请商标，商标是公司的无形资产，公司经营的品牌价值，都融于商标。

（三）公司组织结构

1. 公司组织结构的类型

（1）直线型组织结构。直线型组织结构是指职权从高层直接向下进行传递和分解，经过若干个管理层后到达组织的最底层，如图2-2所示。这种结构上下级关系简明，层级制度严格明确，职权和职责分明；管理沟通的速度和准确性在客观上有一定的保证；便于统一指挥、集中管理，提高各级主管人员的责任心。但是管理沟通的速度和质量严重依赖直线中间的各个点，易于产生家长式管理作风；组织发展受管理者个人能力的限制。

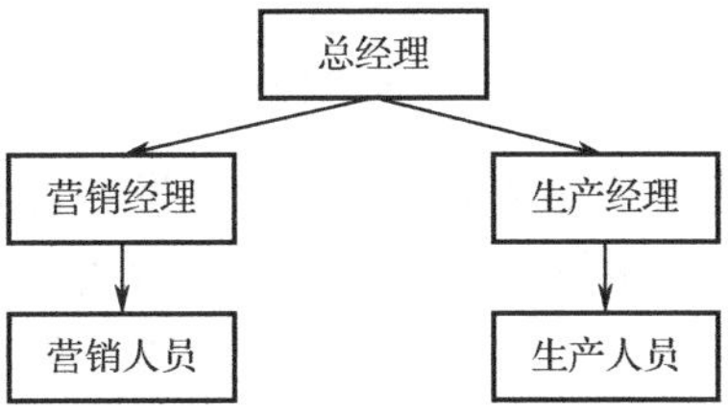

图2-2　直线型组织结构

（2）职能型组织结构。职能型组织结构是按照项目管理中的职能进行部门划分，如图 2-3 所示。这种结构可以充分发挥项目管理职能机构的专业管理作用；提高专业化技术水平，发挥各部门专家的作用；减轻直线领导人员的工作负担。但是这种结构中各职能部门过多考虑自己部门利益，以至于使项目目标实现受阻；因无人对项目总体承担责任，造成项目组织纪律松弛和管理秩序混乱的现象。

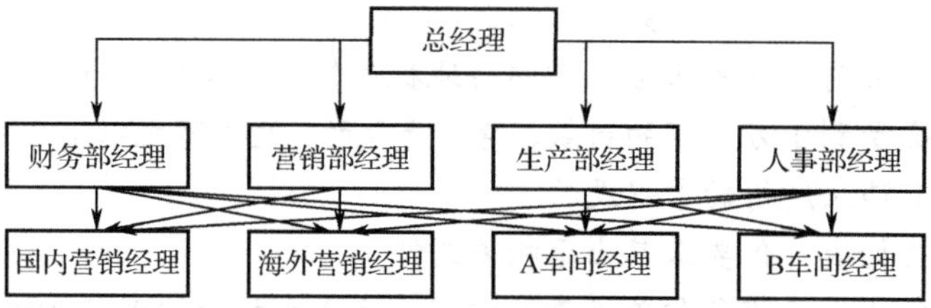

图 2-3　职能型组织结构

（3）直线职能型组织。直线职能型组织结构以直线型组织结构为基础，在各级行政主管下设置相应的职能部门从事专业管理，如图 2-4 所示，其中直线代表直接管理关系，虚线代表指导和监督关系。

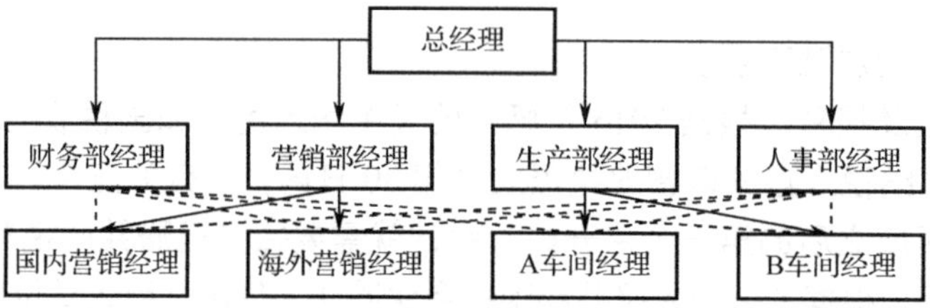

图 2-4　直线职能型组织结构

这种结构保证企业管理体系的集中统一，提高组织结构的稳定性；充分发挥各专业管理机构的作用，提高管理效率；对市场变化反应灵敏。但是管理层次多、造成企业组织机构臃肿；权力过度集中，下级缺乏必要的自主权；项目结束后全体成员又面临重新组织的问题，使得员工缺乏责任感和归属感。

（4）事业部型组织结构。事业部型组织结构是指将一个大型公司分成若干个事业部，每个事业部实行独立经营，总公司只保留预算控制等权利，并通过利润等指标对各个事业部进行控制，如图 2-5 所示。

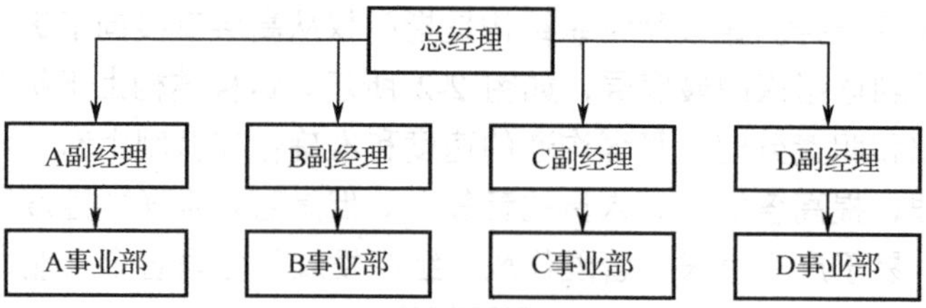

图 2-5　事业部型组织结构

这种结构总公司可以从战略角度制定整个企业的发展目标；可以将企业内外部资源在各事业部之间进行合理配置；对市场变化做出灵活及时的反应。但是总公司与事业部职能机构互相重叠，造成管理费用增加和人力资源浪费；事业部实行独立核算，各事业部会只考虑自身利益，影响事业部之间协作；业务联系与日常沟通被经济关系所取代。

（5）矩阵型组织结构。矩阵型组织结构是在直线职能型垂直组织结构的基础上，再增加一种横向领导的结构，如图 2-6 所示。

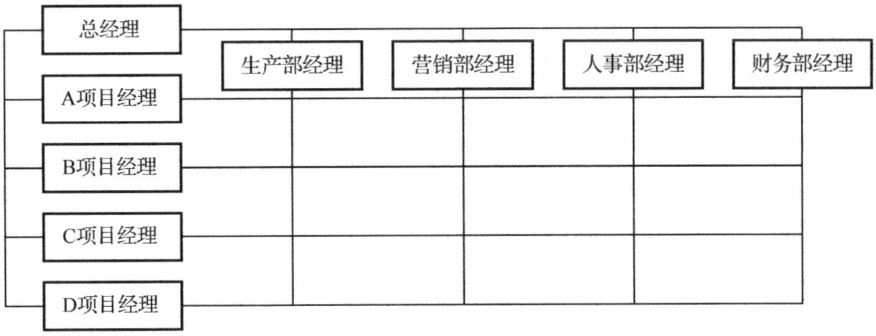

图 2-6　矩阵型组织结构

这种结构比较机动灵活，可以提高项目组织成员的责任感，促进项目目标的实现，加强不同部门之间的协同工作和信息交流。但是由于纵横交叉的双重领导，很容易造成效率低下，常出现责任不清互相扯皮的矛盾，任务完成以后就要解散，导致他们的责任心下降，对工作效果有一定影响。

2．公司的组织机构

一个公司的组织机构通常根据其具体业务来设定，以有限责任公司为例，通常会设立以下组织机构。

（1）股东会。有限责任公司的股东由全体股东组成，股东会是公司的权力机构，职权包括：

① 决定公司的经营方针和投资计划；

② 选举和更换董事，决定有关董事的报酬事项；

③ 审议董事会的报告；

④ 审议批准监事会或者监事的报告；

⑤ 审议批准公司的年度财务预算方案、决算方案；

⑥ 对公司的注册资本、债券做出决议；

……

（2）董事会。有限责任公司的董事会，其成员为 3～30 人。董事会对股东负责，职权包括：

① 负责召集股东会，并向股东会报告工作；

② 执行股东会的决议；

③ 决定公司的经营计划和投资方案；

④ 制定公司的年度财务预算决算方案、利润分配方案、注册资本的增减方案等；

⑤ 决定公司的内部管理机构设置；

⑥ 制定公司基本管理制度；

……

（3）经理。经理由董事会聘任或者解聘，经理对董事负责，职权包括：

① 主持公司的生产经营管理工作，组织实施董事会决议；

② 组织实施公司年度经营计划和投资方案；

③ 拟定公司内部管理机构设置方案；

④ 制定公司的具体章程；

⑤ 聘任或者解聘由董事会聘任或者解聘以外的管理人员；

……

（4）监事会。监事会由股东代表和适当比例的公司职工代表组成，主要职权是检查公司财务；对董事、经理执行公司职务时违反法律、法规或者公司章程的行为进行监督；提议召开临时股东会，以及其他职权。

公司通常还会设置营销部门、人事部门、财务部门，还会根据业务需求设置生产部门、供应商部门、研发部门等。各部门工作职责情况如表 2-1 所示。

表 2-1　公司各组织部门及工作职责

公司组织部门	工作职责
营销中心	制定公司中长期和年度营销企划，并分解落实到下属各个部门，组织完成公司年度销售活动任务；制定年度市场和客户资源开拓计划；制定年度广告、公关、促销等市场推广和预算计划等
人事部门	负责公司人力资源管理方针、政策、制度和公司行政组织机构设置、部门工作职责、人员编制与内设机构、岗位工作标准和人员素质要求的制定、实施及检讨、改善和修订；制定人力资源招聘、调配、培训开发计划并组织实施
财务部门	根据国家税务和会计准则，结合公司情况，建立公司会计核算和财务管理的制度、体系；按期制作年、季、月度财务报表；组织公司全面预算工作，负责成本、费用、利润、资金等计划的制定和实施；及时清理核对往来账户，处理差异数据，制定结算计划，督促相关部门按计划回款等

实训检测

姓　　名		完成时间	所属小组	
标准分值/分	考核项目	小组给分	教师给分	建　　议
30	组织架构合理			
10	人员分配合理			
30	各部门职能明确			
20	信息传递通畅			
10	创新创意			

实训总结

模　　块	二	任务编号	2-1	任务名称	公司组建与人员分配	
实训课时	4	实训地点			指导教师	
实训学生						
● 我通过以下方式为项目工作做出了贡献：						

续表

● 在这个项目中对我来说比较困难的事情有：   ● 改变这种困难的状态我可以采取以下方法：   ● 我需要做以下一些事情，使我们项目的工作更加高效：

职场故事——崭露头角 1

余安妮入职不久就和一批新员工一起参加了公司组织的入职培训。

公司聘请专业讲师为他们培训“公司行政常识”。从这时起，她第一次以一个职业人的身份来思考“公司”。

在培训中老师出了一道题目：

A 公司是一家贸易公司，股东和法人代表都是小李，由于经营不善，2020 年 A 公司倒闭，倒闭的公司不但没有资产，还欠银行共 97 万元的贷款。小李为了维持生计只好外出打工，没想到银行却要求他承担无限连带责任，用自己的个人财产来还贷款。

余安妮看到这题有点懵，什么有限公司、无限公司，什么有限责任、无限责任，这都是说的什么啊，她从来没有接触过这些问题。

于是她很认真地听了老师的分析：

为什么明明注册的是有限责任公司，还要承担无限责任还贷款呢？

原来经过调查，当时的注册资金是 58 万元，但是用于验资的账户是个人账户，并不是企业账户，所以公司的注册资金没到位，有限公司的资格也就不成立。该企业属于无限责任公司，作为出资人的小李就必须对整个经营过程中产生的后果负全部责任，有限责任公司的有关权利和义务他都不能享受。

原来开公司还有这么多名堂，虽然在学校经常听到“创新创业”，但如果不事先做好充分准备还真不行。

入职培训的最后一天，培训老师将所有新入职的员工分成两个小组，分别成立公司，建立公司的组织架构，分配不同的角色，通过统一管理、协调配合，完成具体的工作任务。余安妮被小组成员推选为总经理，在虚拟任务中与另一个公司进行较量，最终因绩效略高险胜。在培训过程中，人力资源部经理陈雅儿一直旁观，并在培训结束总结时，对所有新入职员工的培训表现进行表扬。最后，特别对余安妮领导的公司提出表扬，希望他们能保持这种初生牛犊不怕虎的精神，勇往直前，但也要注意工作的方式、方法。

余安妮知道，虽然参加了入职培训，可是对于一个没有任何管理经验的新员工，能在虚拟任务中险胜，更多的是团队的支持，带着那么一点幸运，也有一点自己的小聪明，所以还要在真正的工作中去踏实学习，努力提高自己。

任务二　企业文化建设

实训准备

模　　块	二	任务编号	2-2	任务名称	企业文化建设
实训课时	4	实训地点		指导教师	
实训学生					
实训目的	掌握企业文化的含义与构成，根据公司类型归纳、提炼企业文化，并形成行之有效的落地方案				
提交资料	1. 本公司企业文化构成 2. 公司 VI 的设计				

实训任务

任务列表

1. 小组头脑风暴，提出自己对企业文化的理解。
2. 根据头脑风暴结果，归纳、提炼本公司企业文化及其构成。
3. 根据行业与企业特点，制定兼具可操作性与传播效果的企业文化落地方案。
4. 完成公司 VI 的设计。

任务要求

1. 每组提交本公司企业文化展示，可以综合使用文字、图片、音频、视频等多种表现形式。
2. 每组提交的企业文化落地方案应完整、有创意、有特色。
3. 公司 VI 的设计包括公司名称、公司 LOGO、公司标准色、公司吉祥物或代表物、公司口号或目标等。
4. 利用已有条件将公司 LOGO 绘制或印制出来。
5. 根据公司标准色和 LOGO 对胸卡、台签等进行统一设计。

知识回顾

（一）公司企业文化的构成

广义的企业文化包括企业所创造的物质文化与精神文化。

狭义的企业文化通常特指企业的精神文化，即企业经营实践过程中所培育形成的带有本企业特色的价值观念和行为规范，是企业的价值观念、经营准则、经营作风、企业精神、道德规范和发展目标的总和。

精神文化具有抽象性，必须通过具体的物质或行为来体现，所以在提及企业文化的时候，必须两者兼顾，所以通常认为企业文化包括以下 4 个层面的内容：物质文化、行为文化、制度文化与精神文化。

1. 企业的物质文化

企业的物质文化又称作企业文化的物质层，由企业员工所创造的产品和物质设施构成，是外界对企业认知的首要层面，包括以下方面。

（1）企业生产的产品。

（2）企业的建筑。

（3）企业的环境设施。

（4）企业的生产设备及操作环境。

（5）企业的名称、商标、标准色、旗帜、象征物、吉祥物等形象表征。

（6）企业的宣传图片、内刊杂志、形象代言、广告视频等视觉影像。

2. 企业的行为文化

企业的行为文化又称作企业文化的行为层，是指企业管理者与员工在企业经营、教育宣传、人际关系活动、文娱体育活动中形成的特有文化现象，包括以下方面。

（1）企业家行为：企业家的形象、气质、语言、行为等。

（2）典型员工行为：企业树立的员工楷模的典型行为。

（3）管理者与员工之间的互动：如会议、走访、庆典、文体活动及其他形式的交流。

（4）企业与其他企业之间的关系：包括与上下游关联企业的关系及与竞争对手的关系。

（5）企业与所在社区的关系。

（6）企业与国家和社会的关系。

3. 企业的制度文化

一般认为企业的制度文化与行为文化密切相关——企业的制度文化对其行为文化有直接影响。企业的制度文化包括以下两个方面。

（1）企业的组织结构：企业为了有效实现企业的经营目标而设立的企业内部各组成部分。

（2）企业的规章制度：企业为求得最大效益，在生产管理实践活动中制定的各种带有强制性的各项规定或条例，如人事制度、薪酬制度、生产管理制度等。

4. 企业的精神文化

企业的精神文化是企业文化中最为抽象的部分，也是最核心的部分，它是企业开展生产经营活动的各种行为规范、群体意识和价值观念的综合，包括以下方面。

（1）企业哲学：企业经营管理过程中提炼的世界观和方法论，是企业处理人与人、人与物、人与经济规律等关系上形成的意识形态和文化现象。

（2）企业愿景：是指组织成员普遍接受和认同的组织的长远目标。

（3）企业精神：是指企业基于自身特定的性质、任务、宗旨、时代要求和发展方向，并经过精心培养而形成的企业成员群体的精神风貌。

（4）企业价值观：是企业经营管理者和企业员工共享的群体价值观念，它决定和影响着企业存在的意义和目的，是企业各项规章制度的价值和作用的评价标准，为企业的生存发展提供基本的方向和行动指南，决定了全体员工的行为导向。

（5）企业道德：是指企业在生产经营活动中自觉履行的伦理准则和道德规范。

（二）公司企业文化特色

企业文化虽然是企业共同的价值观的体现，但是企业首先是由单个员工组成的，其次存在于特定的时代和国家或地区，因此，企业文化具有如下特点。

1．人本性

企业文化的构建不能只考虑企业的经营目标，还要以人为本，利于员工身心健康及长期发展。

2．社会性

公司是社会的一个组成部分，存在于特定的社区，是一个集体性的单位，因此，公司企业文化应当考虑集体意愿、社区发展，并且与主流价值观保持一致。

3．民族性

企业文化的建设要充分考虑企业所在区域的民族生态与民族文化，避免产生相关冲突。

4．时代性

企业文化并非是一成不变的，作为时代的产物，其生成与发展、内容与形式，都会受一定时代体制、文化、风尚等的制约。

5．个体性

企业文化没有普适性的套路，应该把握企业的个性特征，按照企业的自身特点提炼和建设特有的企业文化。

6．综合性

企业文化的综合性大体上可划分为以下 3 个层次。

（1）对不同民族、不同国家或地区及不同城市的宏观文化的去芜存菁，综合吸纳。

（2）根据企业特质，对其他企业的微观文化进行选择性的部分吸纳，汇合成本企业的新文化。

（3）对企业各基层单位、广大员工中新萌生出的文化胚芽进行概括、加工性的综合。

（三）公司企业文化的构建与落地

在公司企业文化建设过程中，最核心的工作是构建企业形象体系（Corporate Image System，CIS），并在此基础上制定切实可行的落地方案。

1. CIS 的构成与内容（见表 2-2）

表 2-2　CIS 的构成与内容

CIS 的构成	内　容
理念形象（Mind Identity，MI）	1. 企业创立者（企业家）讲话中的关键词 2. 企业家对外宣传企业常用词 3. 员工有认同感和自豪感的词语 4. 企业长远的经营目标 5. 企业自认较之竞争对手有优势的部分
行为形象（Behavior Identity，BI）	1. 工作制度：人事、工资、财务、技术、生产、设备、奖惩、生活福利等管理制度 2. 责任制度：领导者、职能机构、员工岗位责任制等 3. 特殊制度：员工民主评议干部制度、员工与干部对话制度；干部“必访”制度；员工生日、结婚、生子、生病、退休等访问制度 4. 企业风俗：问好仪式、赏识仪式、象征企业特殊历程的庆典、研讨会或年会、日常的各种聚餐；生日晚会、运动会、颁奖大会、晨会等 5. 员工行为规范：仪表仪容、岗位纪律、工作程序、待人接物、环卫与安全等方面对员工提出的要求 6. 企业的社会活动及与其他企业的关系
视觉形象（Visual Identity，VI）	1. 企业名称、品牌名称、商标图案、标准色、口号等 2. 企业的内部环境和作业环境 3. 企业的设备与设施 4. 企业代言人 5. 企业既有的视觉宣传内容

2. 企业文化落地

企业文化落地是指特定企业文化在组织内部扩散推广，并逐渐被员工接受与认可且身体力行加以践行和维护的过程。这一过程往往需要 5 个元素的共同作用。

（1）领导的身体力行：领导层必须使员工确信他们会忠诚和明确地坚持他们企图奉行的价值观，对公司已经宣告的价值观不能一贯坚持或者奉行不力都会削弱企业文化的力量。

（2）制度的正负激励：公司必须有明确的规章制度规范员工行为，且保证与企业文化方向一致的行为会予以奖励，而相悖的言行会受到惩罚。在长期的执行过程中将企业文化贯彻到员工日常行为管理中，使之成为员工习以为常的行为准则。

（3）模范的具象表达：树立典型人物，将抽象的理念和冰冷的规章制度具象化，更好地进行行为引导。

（4）故事的生动传播：通过具体的故事将抽象的理念更加具体地表现出来，并且易于记忆和传播。

（5）活动的仪式感和神圣感：举办特定的典礼、仪式，在庄严的氛围中塑造精神理念的神圣感，使得员工更易于形成文化认同感和传承心。

以上 5 个元素可以分别使用，也可以在同一活动中综合使用。

实训检测

姓　名		完成时间		所属小组	
标准分值/分	考核项目		小组给分	教师给分	建　议
20	公司文化建设内容完整				
20	公司口号、理念有新意				
20	公司 LOGO 有现代感，容易辨识和记忆				
20	能够将公司 LOGO 或背景绘制或印制出来				
20	根据公司标准色和 LOGO 对胸卡、台签等进行统一设计				

实训总结

模　块	二	任务编号	2-2	任务名称	企业文化建设
实训课时	4	实训地点		指导教师	
实训学生					

- 我通过以下方式为项目工作做出了贡献：
- 在这个项目中，对我来说比较困难的事情有：
- 改变这种困难的状态我可以采取以下方法：
- 我需要做以下一些事情，使我们项目的工作更加高效：

职场故事连载——崭露头角 2

阳光集团近期要举办产品发布会，余安妮被安排负责会场布置及物料准备工作。大学时，余安妮在秘书事务所参与过很多次学校及学院会议的会场布置工作，有一定的经验。然而细致的安妮并没有贸然开始自己的工作，而是在网上搜索了几家国际知名公司的产品发布会来学习。

在观摩过程中，余安妮发现，企业产品发布会与高校的会议截然不同，有着明显的科技感与时尚感。然而，是什么赋予了企业产品发布会这么高大上的感觉呢？她一时也说不清楚。于是，好学的安妮决定向何雨竹请教。

何雨竹非常满意余安妮的细心和好学，于是耐心向她介绍。

（1）一般企业大型会议的会场布置都会使用企业的标准色，如阳光集团的标准色为蓝色，称为“阳光蓝”，在开大型会议时蓝色就会作为会场的主色调。还有会议使用的PPT，都应该以标准色+LOGO为背景。

（2）企业标志还要在会场物料中体现出来：如文件袋、企业资料、产品资料、姓名牌、咖啡杯、嘉宾胸牌、附赠小礼物等，都应该根据物料大小印刷合适大小的企业标志。

（3）作为产品技术含量较高的企业，员工行为一定要体现出专业性。对现场工作人员提前进行产品知识培训，要求其精确掌握产品的细节与参数，随时可以回答嘉宾提出的问题。

听完何雨竹的介绍，余安妮渐渐理清了本次工作的程序与步骤。

都说生活处处皆学问，在公司，也是处处都是企业文化的展现啊。

任务三　企业团队建设

实训准备

模　块	二	任务编号	2-3	任务名称	企业团队建设	
实训课时	4	实训地点			指导教师	
实训学生						
实训目的	掌握团队建设活动方案的制定方法与实施技巧					
提交资料	团队建设活动方案，具体包括： 1. 团队建设活动计划表 2. 团队建设活动行程表 3. 团队建设活动预算 4. 团队建设活动的照片、视频等资料					

实训案例

公司董事会为了充分发挥和调动团队所有成员的集体智慧，提升团队的凝聚力，为共同的目标一起努力、一起思考，集合团队成员的优点，取长补短，快速将团队发展成一个沟通有效、互相信任、专注解决问题和合作效率的团队，特别指示两个公司各开展一次团队建设活动，要求各公司总经理先确定团队建设活动主题，经董事长批准后开展活动。

实训任务

任务列表

1. 制定团队建设活动计划表。
2. 制定团队建设活动行程表。

3. 制定团队建设活动预算。

4. 提交并保存团队建设活动的照片、视频等资料。

任务要求

1. 能够完成小型团队建设活动的策划方案。

2. 能够根据实际情况完成团队建设活动的预算，做到真实可操作。

3. 两个公司一起参加，室内或室外活动均可，形式、内容不限，但应充分利用校园的各种条件。

4. 活动以安全、节约、有趣、有益、创新为原则，严禁组织具有危险性或破坏性的活动。

知识回顾

团队建设（简称团建）是 Team Construction 的直译，是企业为了实现团队绩效和产出最大化而进行的一系列结构设计、人员激励等团队优化行为。通过形式多样的活动，如聚餐、唱歌、拓展训练等让参与团建的员工在欢乐中得到收获，增强员工间的凝聚力，增进情感交流，培养员工对企业的认同感。通俗地说，团建就是快速使一群人成为一个沟通有效、互相信任、专注解决问题和合作高效率的团队。

（一）团队建设的意义

团队建设最大的意义就是能充分发挥和调动团队所有成员的集体智慧，提升团队的凝聚力，为共同的目标一起努力、一起思考，集合团队成员的优点，取长补短，通过集体的努力来完成同一个目标。曾经有人做过一个调研，主要针对员工对公司举办团建活动的作用进行问卷调查，结果如图 2-7 所示。

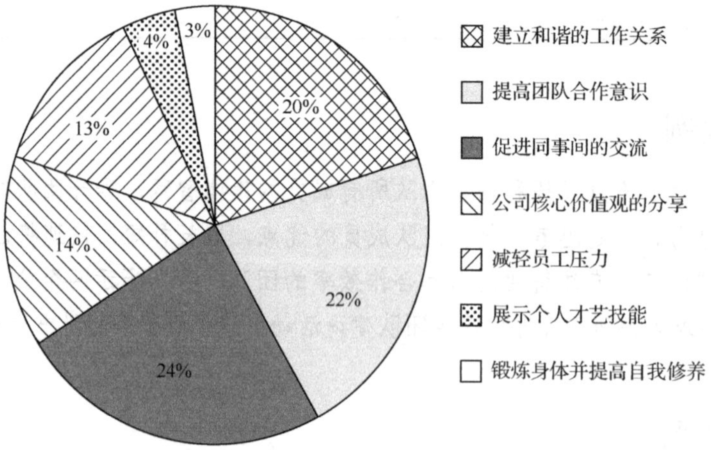

图 2-7 团建作用调研统计

（资料来源：https://www.sohu.com/a/254369637_100238156）

1. 团队建设能明确团队的目标

通过明确的分工合作，提高团队面对问题时更好处理问题的能力，大家才能心往一处想，劲往一处使，锻炼团队为了共同的目标而相互配合，更好、更快地完成任务。

2. 团队建设能增进员工间的感情，建立和谐的工作关系

为完成一个任务，团队成员需要同甘共苦，多次共同面对一些难题，从而让队员之间相互了解、相互包容、相互信任和相互尊重，进而拉近员工之间的距离，迅速让一个团队更团结。

3. 团队建设能激励团队，提高团队合作意识

团队精神让队员之间认识到个体的差异性，互相学习对方的优点，努力地向更好的方向进步。当团队完成某项个人无法完成的任务时，又会反过来激励团队，增强团队凝聚力。

4. 团队建设能培养团队的文化精神，提升员工自主能动性

团队成员对他们的团队具有认同感，他们把自己属于该团队的身份看作是自我的一个重要方面。为了使团队获得成功，他们愿意去努力做事。高效团队其成员对团队表现出高度的忠诚度。

（二）团队建设的目标

团队建设的目标来自公司发展的需要和团队成员的共同追求，它是全体成员奋斗的方向和动力，也是感召全体成员精诚合作的一面旗帜。团队建设如果能从凝聚力、沟通力、协作力和行动力 4 个方面入手，遵循目标的 SMART 原则：S——明确性，M——可衡量性，A——可接受性，R——实际性，T——时限性，那么企业的团队建设将会优于同行，同时能打造出一支非常优秀的队伍，从而促进企业的不断发展，让企业能够在激烈的竞争中保持着非常强劲的竞争力。

1. 激励表扬，提高团队凝聚力

在团队中，团队负责人应当了解成员的需求和职业生涯设想，通过团建活动进行有效的激励和表扬，让团队成员都能心情舒畅地工作，这样才能取得好的效果。采用目标激励、奖励激励、发展激励和参与激励等多种方法，让团队成员在充分参与中，满足个人的事业心，并完成自己的目标，进而完成公司目标。

2. 有效交流，提升员工沟通力

在团队中能否进行有效交流，关系到公司决策执行的质量，也关系到能否调动全体员工的工作积极性，关乎公司内部的和谐发展。团队建设活动，主要是以有效沟通为主要途径和工具，创造企业文化并提升团队精神，构建良好的人际关系，维持团队良好的合作状态，保证团队正常运行，完成共同愿景。在团队建设过程中，可以采取讲故事、聊天、帮助员工制定发展计划、动员员工参与决策、口头表扬等方式，进行有效沟通。

3．互补互助，提高团队协作力

协同合作是团队精神的核心。协作力就是发挥团队合作精神，通过各成员互补互助，以实现最大工作效率的能力。团队的所有工作成效最终会在一个点上得到检验，团队的工作业绩超过成员个人的业绩，团队业绩大于各部分之和。通过一系列的团队建设活动，增强员工对团队和他人的信任感和熟悉度，培养团队协作精神，找到压力释放的方法，提高员工感知与总结表达能力，以此让员工更自信、积极乐观地面对生活和工作。

4．深化责任，提升员工行动力

行动力，就是一种通过准确理解组织意图、实施方案进而实现组织目标的能力，通俗地说，就是把事情做成功的能力。在公司，具有很强行动力的员工往往具有高度责任心，通过团队建设，建立行之有效的行动力培训体系，深化和提升员工的责任心，使得从工作意识、工作态度、工作能力上升到工作责任心和责任感，进而转换为工作的内部动力，促进工作行动力的提升。

（三）团建活动的种类

1．体验式团建活动

体验式团建活动是指先参与某种活动，获得一定的体验后，再由培训师指导，通过团队成员的分享和交流，提高个人认识的活动方式。体验式团建活动对培养成员的团队精神、合作意识，改善人际关系，形成良好的团队氛围，促进内部交流都有很大的帮助。体验式团建活动类型很多，如军训、户外拓展训练、极限挑战、沙盘模拟、角色扮演等。不过体验式团建活动有一定的技能要求，一般需要专业培训师进行指导、控制，并进行最终的点评。

2．趣味式团建活动

趣味式团建活动是把团建的目标融入一些娱乐性活动中，如郊游、表演、游戏、竞技、健身等。趣味式团建活动可以释放员工身心，增强自我认知，凝聚团队力量。在活动中成员可以相互支持、相互帮助、相互欣赏，在活动中享受快乐，在快乐中融入团队。趣味式团建活动难度不大、简单易行、操作方便、气氛良好，组织时要注意成员的特点和兴趣，同时进行一定的创新。

3．培训式团建活动

有人说：培训是公司给员工最好的福利。培训不仅可以给员工带来最新的资讯、最前沿的知识，而且还可以开拓员工的视野，提升员工的士气，调整员工的心态，更重要的是强化员工团队认同感和归属感，是实现团队目标的好方式。培训式团建活动的类型可以是团队沟通、团队合作、团队凝聚力等培训，也可以是员工工作方法和技巧的培训，还可以是员工素质提升的培训，如礼仪、形象设计、思想观念方面等培训。

4．家庭式团建活动

组织携带家庭成员一同参与的员工活动是近几年大型公司很流行的一种团建活动方

式。家庭和工作往往是员工的一个两难问题，组织以家庭为单位的团建活动，可以提高公司对员工心理情绪的管理，满足员工在家庭方面取得的成就感；也可以提高员工家庭成员对员工工作的了解和理解程度，提高家庭成员对员工的关注和支持，从而为员工提供放松的生活环境。家庭式团建活动的类型包括：组织家属参观企业，以家庭为单位的联欢活动、亲子活动，家属之间的联谊活动，婚姻讲座或培训等。

（四）团建活动的组织

近年来，公司团建活动可以说是百花齐放，结合当下流行文化，融入年轻人喜欢的趣味运动，加入一些基础的对抗与合作，让参与团建的队伍在欢乐中得到收获，已经从简单的户外活动如徒步、野餐等拓展到很风靡的撕名牌、指压板、黑衣人等形式新颖的活动了。无论哪种活动，都需要组织者精心策划，规划好详细流程，配备一流服务，那具体怎么组织团建活动呢？

1. 制定团建活动方案

团建活动方案是团队建设的具体体现，应完整地提出团建活动基本构想和各项准备工作的情况，一些大型活动方案还需要经公司有关领导审查批准。

（1）团建活动方案的内容。

① 团建活动目标，介绍活动的意义、目的、预达成的效果等。团建活动是为了提高团队凝聚力、执行力和成员配合度，构建有效沟通的良好氛围，以期达成更好的团队绩效，完成企业的生产目标。团队建设的目标设置要有项目、衡量标准、达成措施、完成期限及资源要求。例如，某公司组织某个季度的团建活动，总的目标是打造企业文化，可以具体分成 3 个子目标：①打造“家文化”，纯玩、放松、开心或重大业绩后的享受生活；②打造“团队文化”，为了团队业绩目标，增强团队凝聚力；③打造“家文化+团队文化”，既有亲情文化，又有团队激情文化。

② 团建活动主题。活动主题是对活动的高度概括，是对所有参与者的期望，也是活动主旨的体现。例如，某公司室内团建活动主题——敢于破冰，积极主动；团结奋进，开拓创新。

③ 团建活动形式。公司常组织的团建活动除去外地旅游外，还有聚餐、室内游戏、户外训练等。室内游戏类的团建活动，如密室逃脱、真人 CS、撕名牌等，具有合作和对抗的特点，趣味性强，可以安排新员工入职后的活动，这样可以让员工彼此迅速熟悉起来。公益类的团建活动，如拍摄公益短片、做手工义卖、探望孤寡老人等，这类活动对培养员工的价值观、展现企业文化有很大的作用，也是最有价值的一类团队建设活动，但组织起来较困难，需要组织者进行多方沟通。这类活动可以一年安排一次，形成稳定的活动规律，甚至变成企业的特定项目。

④ 团建活动安排，主要介绍活动时间、活动计划表、活动流程及行程安排。

活动行程是对每天活动的具体安排，也可以看作活动的时间表，应该具体列出每天每个时间段活动的详细内容，以此控制活动行程，如表 2-3 所示。活动行程表一般会在活动前发放到参与者手中，让他们根据活动的安排来进行准备。

表 2-3 “游四方”团建活动行程安排

<table>
<tr><th colspan="5">2020 年“游四方”——水花飞，笑声起：清远漂流之旅</th></tr>
<tr><th>日　期</th><th>时　间</th><th>行　程</th><th>备　注</th><th>注意事项</th></tr>
<tr><td rowspan="9">9/5DAY1</td><td>8:30</td><td>公司集合</td><td>早餐自行解决</td><td rowspan="16">1. 集合时间：2020 年 9 月 5 日（本周六）；
上午 8:30（8:40 准时出发）；
2. 集合地点：公司门口（早餐自理）；
3. 周六、日清远市气温在 22～29℃，大家注意防晒，天气晴间多云，早晚或有阵雨，建议携带雨具；
4. 此次行程涉及漂流、温泉、游泳项目，建议大家备好泳衣、泳裤、泳帽，多一套换洗衣物，拖鞋等，漂流完如须冲洗，请自备洗护用品；
5. 酒店会提供一次性日用品，不过还是建议大家自带生活用品；
6. 本次“游四方”活动为两天一夜，需要携带有效身份证原件，一人一证，以便入住酒店；
7. 漂流、牛鱼嘴风景区内游玩项目都有一定刺激性，请大家一定要注意游玩安全，要有团队精神和时间观念</td></tr>
<tr><td>8:40～12:00</td><td>出发前往清远</td><td>3～3.5 小时车程</td></tr>
<tr><td>12:00～13:30</td><td>享用午餐</td><td>黄腾峡漂流景区附近用餐</td></tr>
<tr><td>13:30～14:00</td><td>出发前往黄腾峡漂流景区</td><td>30 分钟车程</td></tr>
<tr><td>14:00～16:00</td><td>体验黄腾峡漂流</td><td>勇士漂时间约 70 分钟
（费用已包含）</td></tr>
<tr><td>16:00～17:00</td><td>出发前往度假村，办理入住</td><td>30 分钟车程，
云海碱泉温泉度假村</td></tr>
<tr><td>17:00～18:00</td><td>前往大樟沙滩度假村
参观夏日沙雕艺术节</td><td>体验水上游玩项目（自费）</td></tr>
<tr><td>18:00～19:30</td><td>享用晚餐</td><td>云海碱泉温泉度假村附近</td></tr>
<tr><td>19:30 以后</td><td>自由活动</td><td>自由泡温泉，
无边际游泳池</td></tr>
<tr><td rowspan="7">9/6DAY2</td><td>8:00～8:40</td><td>享用早餐</td><td>酒店早餐</td></tr>
<tr><td>8:40～9:00</td><td>办理退房并集合</td><td>行李物品放大巴上</td></tr>
<tr><td>9:00～9:30</td><td>出发前往牛鱼嘴风景区</td><td>30 分钟车程</td></tr>
<tr><td>9:30～11:30</td><td>游览牛鱼嘴风景区</td><td>套票项目+玻璃桥
（费用已包含）
滑草、滑道、射箭、游船
（自费）</td></tr>
<tr><td>11:30～12:30</td><td>游玩水晶弹野战（真人 CS）</td><td>景区不提供迷彩服</td></tr>
<tr><td>12:30～13:30</td><td>享用午餐</td><td>牛鱼嘴风景区附近</td></tr>
<tr><td>13:30</td><td>集体返回公司</td><td>中途顺路可下车</td></tr>
</table>

⑤ 经费预算，包括活动资金的筹措、金额及主要开支等。公司如果安排专款组织团建活动，不同目标和主题的预算经费也不相同。预算应本着节约、实用、周到的原则，禁止以权谋私、铺张浪费。

⑥ 其他事项，包括准备物资材料、天气提示等。

（2）团建活动方案的格式。根据各个公司的管理规定，可以选择 Word 格式，也可以选择 Excel 格式，总之要意义明确、条理清楚、计划周密、内容详细、考虑具体。

2. 筹备团建活动

（1）成立筹备组。这个小组可以是临时的，也可以是长期的，根据公司情况和团建活动来调整，主要是做好服务工作，做到责任到人，特别是协调好时间、地点、方式等因素，充分调动员工的积极性，保证达到最好的团建效果。

筹备组可以提前做出计划表，便于时间安排，如表 2-4 所示。

表 2-4　“游四方”团建活动计划表

2020 年“游四方”活动计划表		
日　期	内　容	备　注
8 月 18 日	确定获奖人员名单	负责人：杨磊、赵宏
8 月 18 日	发布获奖名单海报	深圳群
8 月 20 日	发布“游四方”预热推送	深圳公众号、深圳群
8 月 27 日	确认 4 个可供大家选择的方案	拉群投票决定
8 月 31 日	确定出游方案	中国国旅（清远漂流方案）
9 月 1 日	确定行程安排及出游人数	17 人（13 名优秀员工、2 名家属、2 名工作人员）
9 月 2 日	与国旅对接费用、合同等细节问题	总费用 14 225 元，预付款 13 650 元，团后补 575 元
9 月 1～4 日	出游路线海报、横幅、活动预告	团通知，导游行程梳理
9 月 5～7 日	清远出游	
9 月 10 日	活动回顾推送	

（2）发布团建活动通知。根据团建活动的主题，通知参加人员，保证通知到位。可以通过公司内部 OA 系统发送，也可以建微信、QQ 群进行联系。发布通知时，以附件形式发送活动方案和活动人员名单。

（3）确定参加人员信息。确定参加人员后，可以详细填写活动人员联系表，如表 2-5 所示，便于后续活动。

表 2-5　活动人员联系表

序　号	部　门	姓　名	性　别	手 机 号 码	备　注
1					
2					

（4）确定物资材料清单。一般活动必备品包括药品、资料、食物、娱乐类物品和其他物品。药品主要包括感冒药、退烧药、肠胃炎、创可贴、藿香正气胶囊等常备药品；资料主要包括行程安排表、人员联系表、工作人员手册、A4 纸张等；食物主要包括水、零食、口香糖、代餐食物等；娱乐类物品主要包括音响、相机、录像机、狼人杀牌、象棋等；其他物品主要包括旗帜、横幅、签字笔等。

（5）确定交通食宿。根据团建活动方案，再次确定交通安排，车辆是否及时到位、住宿和餐饮场地是否发生变化，做好预案，避免出现无法出行和入住的情况。

（6）确定活动预案。在团建活动准备中，如果发生其他原因导致不能完成团建活动，如由于天气导致室外活动取消，须做好调整到室内活动的预案。

3．组织团建活动

（1）组织集合。作为活动筹备者要根据行程表，组织参加人员准时到达集合地点，须前一天和每个人联系，出发当天再次确认，确保各成员准时到达指定地点。如不能准时到达的，可以提前告知迟到惩罚，如发红包或者担任旅途游戏主持等。

（2）做好服务。团建活动工作比较烦琐，这就需要工作人员耐心细致，在整个活动中，要注意各项活动的衔接安排，辅助主持人调节气氛，在现场注意拍摄参与者的活动照片，以便活动后的宣传与总结。

（3）保障安全。无论开展什么样的活动，安全永远是第一位的。组织团建活动既要充分考虑活动现场的复杂性、变化性和随机性，尽可能排除各种安全隐患，也要充分考虑参加人员的各种突发状况，做好应急预案，一句话“把最坏的情况考虑到，朝最好的结果努力”。

4. 总结团建活动

团建活动结束后，需要对团建活动进行总结，尤其是活动有哪些亮点，是否达成活动目标；有哪些不足，如何改进；人员分工是否合理；物品准备是否充足或是否浪费；实际费用是否与预算基本吻合等。“游四方”团建活动总结内容如表 2-6 所示。

表 2-6 “游四方”团建活动总结

2020 年“游四方”——水花飞，笑声起：清远漂流之旅	
参与人数	17 人（13 名优秀员工，2 名家属，2 名工作人员）
实际费用	预计总费用 14 225 元，实际费用 14 050 元
活动亮点	1. 体验刺激动感的黄腾峡全程漂流，河道多、长、落差大
	2. 体验惊魂玻璃桥——广东最长悬挂式玻璃桥 219 米
	3. 体验紧张刺激的娱乐团体活动——真人 CS
	4. 员工享受奖励政策，对公司归属感更强
	5. 费用控制在预算内，优秀员工得到充分放松
活动不足	1. 存在个别迟到现象
	2. 前期宣传力度不够
	3. 活动过程中互动环节有待提升
	4. 选择的旅行社服务不够完善
	5. 食物准备不够充分
活动改进	1. 杜绝迟到现象，加强时间观念、团队意识（态度强烈）
	2. 多增加些团队互动小游戏
	3. 选择规模较大的旅行社
	4. 根据天气变化调整食物数量
	5. 结束后进行匿名问卷调查，便于改进团建活动
人员分工	工作人员分工合理，各环节顺畅进行

团建活动总结可以为今后的组织工作提供参考依据，应主要从以下几方面进行总结。

（1）组织的团建活动是否达成目标，是否属有必要的组织。

（2）团建活动的准备工作是否充分，行程安排是否合理，环节是否衔接得当。

（3）团建活动的后勤工作是否完备，配套服务是否周到。

（4）团建活动的参加人员是否准时到位，有无浪费或超出预算。

（5）团建活动参加人员对活动是否满意。

实训检测

姓　　名		完成时间		所属小组	
标准分值/分	考核项目		小组给分	教师给分	建　　议
10	方案要素齐全				
20	方案符合实际，具有可操作性				
20	行程表安排合理				
10	预算合理、内容全面				
10	活动设计有创意，具有可行性				
10	其他物品等准备充分				
10	达成活动预设目标				
10	小组介绍清楚，内容完整				

实训总结

模　　块	二	任务编号	2-3	任务名称	企业团队建设	
实训课时	4	实训地点			指导教师	
实训学生						

我通过以下方式为项目工作做出了贡献：

在这个项目中，对我来说比较困难的事情有：

改变这种困难的状态我可以采取以下方法：

我需要做以下一些事情，使我们项目的工作更加高效：

职场故事——崭露头角 3

周一的早上，余安妮正在忙碌着，接到了何雨竹主任的电话，让她到办公室来。到了办公室，看到刚刚提升为人力资源部经理的陈雅儿也在，安妮略有点紧张。何雨竹笑着让安妮坐下：“安妮，不要紧张，今天找你来，是想让你组织一个团建活动，陈经理和我商量后，觉得你可以完成这项任务。主要是针对新员工的团建活动，你是过来人，而且年轻，可以和新员工无障碍沟通。”

“谢谢两位领导的信任，不过我没有组织团建活动工作的经验，交给我能行吗？”余安妮有些没有底气地说。

“没关系，我会安排人力资源部的小王配合你做好这项工作。”陈雅儿安慰安妮，“具体团建活动定在下个月末，还有一个多月的时间，你们两个好好筹备吧。”

余安妮回到办公室，立即在网上搜索了相关信息。网上一些文章似乎把团建说得无所不能，而有篇文章的观点却更加客观：

企业组织团建活动具有多重积极意义，不仅能够增进员工之间的感情，而且能够增强团队凝聚力，对员工个人及对企事业单位的发展都大有裨益。提高团队凝聚力、强化员工沟通、化解员工矛盾、统一价值观，是很多企业团建活动的重要诉求，因此企业对团建活动的“专业度”要求越来越高。

当然，企业团建活动要想发挥出应有的功效，也须有正确姿态，最基本的要求是团建项目要科学合理。不难发现，有的企业在团建时走了歪路，不仅难以让员工满意，而且对企业发展也产生了不利影响。诚如有些报道显示，假借团建之名炫耀领导权力等，这些显然背离了团建目的，员工也难免都不满意。

通过具体案例来看，2016 年 1 月，南京某公司要求员工在大街上喊口号、亲吻垃圾桶、拥抱陌生异性。2017 年 12 月，南昌某美容公司举办 14 周年庆活动，要求员工们跪着互扇耳光，美其名曰培养“狼性团队文化”……这样的团建活动，不仅让员工难以接受，而且更涉嫌触犯法律，且对企业的发展更尤为不利。

企业团建不能靠“奇招异术”，企业管理者理当认识到此。良好的团建，一方面应该遵循科学方法并遵从员工的意愿，这就需要在开展活动前进行详尽的设计，毕竟团建活动不等同于团队娱乐活动，更不等同于吃吃喝喝，所以开展团建就不能糊弄了事，更不能靠“奇招异术”从员工身上揩油。另一方面须尊重员工的合法权益。《中华人民共和国劳动法》第三十八条指出，用人单位应当保证劳动者每周至少休息一天，用人单位不得以各种形式强迫员工加班。因此，企业在法定休息时间组织活动也应当遵守自愿参与原则，更不能侵害员工的人身权益。

诚如有的员工表示，真正理想的团建就像《外婆的澎湖湾》歌词里描绘的那样，阳光、海浪、沙滩，应该是以享受为主、奖励性质的出行。的确如此，团建的目的就是宣传公司文化，加强上下级之间的交流互动，提升团队凝聚力，因此就不能以侵害员工的权益为代价。另外，重视团建虽好，但也不能忽视日常工作中对团队氛围的调节。

（引自 http://job.workercn.cn/317/201912/05/191205080506506.shtml）

任务四　公司开业庆典

实训准备

模　　块	二	任务编号	2-4	任务名称	公司开业庆典	
实训课时	4	实训地点		指导教师		
实训学生						
实训目的	能制定开业庆典的策划方案并依据方案实施					
提交资料	1. 开业庆典策划方案、邀请函、领导致辞、新闻稿等 2. 开业庆典过程的图片、视频、场景布置图等					

实训案例

两家公司经过这些天的筹备工作，即将举行隆重的开业庆典，届时将邀请本专业领导和相关合作企业人士参加。请两家公司各自做好此次开业庆典的筹备和实施工作。

一、撰文

1. 请完成一份开业庆典策划方案。

2. 拟写邀请函、领导致辞。

二、场地安排

做好开业庆典场地选择、场景布置、相关设备安置等。

三、模拟

1. 模拟开业庆典过程。

2. 完成开业庆典活动的总结。

四、汇报

组长将以上的准备工作进行汇总，形成一个报告，向上级汇报，并在班上交流。

实训任务

任务列表

1. 根据要求设计一份开业庆典策划方案。
2. 拟写邀请函、领导致辞稿。
3. 完成仪式场地选择、场景布置、相关设备安置等。
4. 模拟开业庆典过程。

任务要求

1. 每个公司提交一份可实施的策划方案，要求内容完整、格式规范。

2. 邀请函要设计得精美有创意；祝词稿要符合发言人身份。
3. 开业庆典流程设计合理，剪彩仪式既隆重新颖，又不过于铺张。
4. 庆典场地、场景、设备等要留有图片等资料。
5. 模拟开业庆典过程，保存相关图片和视频。

知识回顾

（一）庆典活动的概念和意义

1. 庆典活动的概念

所谓庆典活动，是指为了庆祝各种节日、重要纪念日或特别的事件，而举行的庆祝、礼仪活动。

2. 举行庆典活动的意义

企业或社会组织举行庆典活动，有着明确的公关目的。经过精心准备的大型庆典活动，可以有效地吸引公众的注意力，提醒公众注意自己的存在，巩固公众对本组织的良好印象并不断强化这种印象，维系与公众的良好关系，从而为事业的持续发展营造一个和谐的外部环境。同时，举办庆典活动（尤其是大型庆典活动）是一项系统工程，往往需要组织内大部分员工参与其中，庆典活动的筹备过程，就是员工们不断加强协作、提高凝聚力的过程；而庆典活动的成功举办，又会大大鼓舞员工的士气，增强他们的自豪感和对组织的向心力。可以说，庆典活动，是对内部公众和外部公众都具有巨大影响力的公关活动，只要举行的时机、规模得宜，效果良好，对组织加强与内外公众的沟通、树立和维持组织良好形象，具有不可替代的作用。

（二）庆典活动的特点

1. 活动议程有很强的仪式性

庆典活动整个议程对各种传统惯例和仪式的高度遵循，对喜庆气氛的竭力营造，使其往往具有典礼的特点，所以很多庆典活动干脆直接以“××典礼”命名，如庆祝个人结婚的聚会被称为“××先生与××女士的结婚典礼”、庆祝公司开业的聚会被称为“××公司开业典礼”等。

2. 受邀宾客一般都会用各种方式表示祝贺

这是庆典活动和其他类型会议相比最大的不同。到会宾客一般通过赠送礼金、匾额、花篮、字画、大型工艺礼品等表示祝贺之意，那些因各种原因不能到会的宾客，也会通过各种途径，如发来贺信、贺电，在媒体发表祝贺文章、利用媒体为举办方点播文艺节目等，表达其祝贺的心意。

3. 活动成果一般无法用物质载体体现

尽管绝大部分人都承认召开庆典活动意义重大，但事实上，举办庆典活动取得的直接成果，却很难用实物或书面载体的形式体现出来。至于收到的礼物，不能算活动成果，因为那是宾客在活动前就准备好的，不管活动举办得如何，都会将其赠给举办方。因此，对庆典活动成果的评估，主要靠定性分析，而非像其他会议一样，能以会议的决议、取得的一致意见、签订的合同、达成的协议等可以具体化、量化的成果来衡量。

（三）庆典活动的类型

1. 根据举办庆典活动的主体不同进行划分

（1）个人庆典活动，即以个人名义举办，通常是为庆祝个人或其家庭成员的重要日子、重要事件的聚会，如生日庆典活动，升学、乔迁、晋升庆典活动，结婚庆典活动、得子庆典活动等。

（2）政治组织庆典活动，即国家立法、行政、司法机关，军队，政治党派和其他社会组织，以及部分事业单位等政治性很强的组织所举办的庆典活动，如国家举办的建国××年庆典、党派选举胜利的庆典活动等。

（3）经济组织庆典活动，指各营利性的经济组织所举办的庆典活动，如商场的开业庆典活动、公司的上市庆典活动等。

（4）其他非社会团体的庆典活动，如各种协会、慈善组织、非营利性科研机构等举办的庆典活动。

2. 根据举办庆典活动的事由不同进行划分

（1）节日庆典活动，即为庆祝各种节日而举办的庆典活动。这些节日包括全民享有的法定节日，如春节、劳动节、国庆节等；特定年龄段、性别或职业的人所享有的法定节日，如妇女节、青年节、儿童节、建军节、教师节等；民间节日，如傣族的泼水节、汉族的重阳节、彝族的火把节等；宗教性节日，如基督教的圣诞节、佛教的盂兰盆节、伊斯兰教的开斋节等。

（2）重要纪念日庆典活动，如为庆祝个人或组织诞生××周年而举行的庆典活动。

（3）重大事件庆典活动，如个人的升学、毕业、结婚、晋升等庆典活动；经济组织的开业、销售业绩创纪录、重大生产线投产、重大发明成功等庆典活动；政治组织对促进社会发展的重大事件、对自己政治力量获胜的庆典活动等。

3. 根据所庆祝事件的时间阶段进行划分

（1）庆祝事件成功开始的庆典活动，如经济组织开业、工程开工、重大活动开幕的庆典活动等。

（2）庆祝事件成功结束的庆典活动，如工程竣工、学生毕业、重大科研项目结项的庆典活动等。

（四）庆典活动的组织

一个庆典活动要取得引人瞩目的公关效应，需要精心准备、隆重举行。同时，为了使辛苦前来祝贺的宾客不枉此行，最好不要让庆典活动变成一系列头面人物的发言讲座，而应多设计一些丰富多彩的参与性活动，使参加者和旁观者都兴致盎然，使整个庆祝活动真正变成友谊的盛会、欢乐的盛会。为此，应着力做好以下方面的工作。

1．组委会的成立和分工

为确保庆典活动举办工作的顺利进行，应成立庆典活动举办组委会，设总指挥 1 名，并根据不同分工设立几个小组，每组设组长 1 名。建议设立 4 个小组，各小组主要职责如下所述。

（1）文案组：

① 负责庆典活动方案的策划与文案写作；

② 负责庆典活动大型背景图的设计；

③ 负责庆典活动前后文件材料、领导讲话、邀请函的起草、成文；

④ 做好组织内外的形象宣传，制作宣传栏、宣传条幅，拟定宣传用语；

⑤ 现场来宾桌签、餐签等的制作和领导临时交办的一些事务。

（2）外联组：

① 负责各种文艺节目的准备和演艺人员的邀请；

② 按拟邀请单位、领导名单，安排适宜的邀请方式和时机，并加以落实；

③ 负责会议场地、参加活动人员食宿地点的选择和预订；

④ 负责主要领导和来宾的食宿安排和日常陪同；

⑤ 纪念品的定制，地毯、桌椅、台布、花篮、矿泉水等所需物品的采购和准备等。

（3）现场组：

① 负责庆典活动的准备和过程管理；

② 负责来宾迎接、签到，礼品及礼金的登记和保管；

③ 向参加活动代表发放服务手册、纪念品；

④ 安排本组织的员工按指定位置统一着装提前入场；

⑤ 现场工作人员的协调指挥、现场气氛的调节和现场意外情况的应急处理；

⑥ 拍照、摄像等工作。

（4）后勤组：

① 做好庆典活动主席台搭建、会标安装、环境布置、会场座次、茶水等的安排；

② 负责活动现场车辆的引导、停放，秩序的维持，交通工具的调度和使用等；

③ 活动现场的生活服务设施的安排布置，如来宾的休息场所等；

④ 庆典茶话会、联欢会、冷餐会、宴会等场所，以及其他活动场所的布置等；

⑤ 做好安保工作，维护好现场秩序，注意防火、防盗、意外伤害等突发事件的发生。

2．活动前筹备和活动中实施的注意事项

（1）庆典时机、主题、规模应得宜。任何一个组织都有很多值得庆祝的日子和事件，但不可能都举办庆典活动，所以，确定庆祝的事由和选择合适的时机就显得很重要了。在选择时应注意以下几个方面。

① 所选主题、所庆祝的事由应能突出本组织的直接使命和行业特点。一般政治组织的庆典活动重在强调安定团结、盛世繁荣、爱国主义等主题，经济组织庆典活动则更突出诚信第一、服务社会、质量至上、科技兴企等主题。政治组织的庆典活动更倾向于选择整十年的周年、一年一度的重大节日等进行庆祝，次数不多；经济组织则倾向于选择开业及周年、获奖、销售业绩破纪录、上市、扩张为大集团等体现其存在和成功经营的事由进行庆祝，根据事件的重要程度，规模有大有小。庆典活动的举办应少而精，不要举办得太频繁，因为太频繁对企业精力的牵扯过大；同时，次数多了就难有新意，容易让公众厌倦，或产生“小题大做”之感。

庆典活动的主题一旦确定，尽量用语言将其提炼出来。主题语既要短小有力，又要求形象鲜明、给人留下深刻的印象，以便于以后的公关传播。

② 根据组织的实力和公关需要，决定庆典活动的规模，最好不要太小或太大。太大以组织现有的人力、物力和财力，可能无法驾驭；太小则不容易形成声势，达不到公关目的。

（2）庆典活动的设计应立意深远、力求创新。庆典活动本身的仪式化色彩很浓，如果不对会中的节目、活动等进行精心安排，不进行在传统程式中加进新颖的内容，就缺乏新闻卖点，难以取得良好的公关效果。

如果在庆典活动的议程中（如很多政治性的庆典活动）确实不方便安排丰富的节目活动，可以围绕庆典活动，另外安排一系列内容新颖、意义深远、趣味性强的活动，如开办讲坛，晚上放烟火，举办联欢会、文艺晚会、茶话会、书画作品展、礼品展等，使整个庆典活动安排显得丰富多彩、引人入胜。

（3）确定邀请对象，然后正规地进行邀请。确定邀请对象时应尽量考虑全面。如果是经济组织举行的庆典活动，则其邀请的对象包括：

① 上级领导，可以为庆典活动提升档次和可信度。

② 本地工商、税务等直接管辖部门的负责人，便于今后在工作方面获得他们的支持。

③ 正合作的大客户和供应商，因为他们是企业主要的合作伙伴。

④ 潜在的、预期的未来客户，他们是企业不断发展的基础。

⑤ 行业协会和同行的老总，他们是获得本行业信息和经验的渠道。

⑥ 重要媒体的记者，帮助举办者将庆典活动的信息迅速传播出去。

⑦ 本组织的员工和他们的家属，尤其是那些为组织做出重要贡献的员工和具有较高声望的员工及其家属。

邀请一定要正式，邀请上级和主管部门，最好登门邀请；对其他人员，如果条件允许，也最好当面奉上请柬；外地的邀请对象则须在一两周前寄送邀请函，注意在时间上不要太早，也不要太晚，应保证对方在收到邀请函后还有时间准备，以便前来参加庆典活动。

（4）活动召开前应注意造势，扩大公关效应。对庆典活动进行造势的途径有多种。

① 利用新闻媒体进行造势。可以主动向新闻媒体投稿，也可以通过举办信息发布会、记者招待会等形式，吸引记者对庆典活动筹办的情况加以报道。注意只向其透露庆典活动隆重、新颖，至于主要活动的具体安排，则要保密，增加其神秘性，也就提高了新闻价值。还可以主动在媒体上发布将要举办庆典活动的广告、邀请信等。

② 在举行庆典活动前十来天，可以在一些人口密集度大的地方张贴举办庆典活动的宣传资料，摆放庆贺条幅、大气球等。在活动举行前一周，可以在举办地点将大型充气拱门、彩旗、气球、祝贺条幅、吉祥物等布置起来。在活动的当天，更要将来宾送的花篮、匾额等有条不紊地陈列在公众能看得见的会场外面，竭力营造喜庆热烈的气氛。

③ 若聘请大型军乐队、锣鼓队、歌舞队等，可在庆典活动举行前一两周，在所在的市区大张旗鼓地进行彩排、演练，注意要穿上为庆典活动特制的服装，或带上明显特制的标志物。

（5）精心设计或选择赠给来宾的礼品。庆典活动的宾客是带着贺礼前来的“奉献者”，主办方应通过赠送礼品的方式对其表示答谢。因此，所送的礼品，就被赋予了代表企业组织、蕴含企业文化、象征友谊的“公关重器”，因而最好请人精心设计定制。如果条件不允许，也应按照以下要求，对礼品进行选购和包装。

① 礼品应具有宣传性：如是本单位引以为豪的产品。若是选购礼品，应再请专业包装商在礼品或其外包装上印上本单位的标志、广告用语、庆祝主题、联系方式等。

② 礼品应具有荣誉性：礼品制作及包装精良、富有文化内涵，如用名人名言或名画作点缀，能使见者惊喜、拥有者自豪。

③ 礼品应具有纪念性：即礼品应具有一定的纪念意义，使拥有者对其珍惜、重视。

④ 礼品应具有较好的实用价值：礼品最好是受赠者能在公共场合下展示或使用的，如挂在办公室的书画、办公时用的笔、公文包、饮水杯等。使用人将其携带到何处，就为赠送者免费宣传到了何处。

（6）现场庆典气氛的营造应与活动的主题与安排相协调。很多庆典活动的举办者有一个误区，就是认为活动气氛越热烈越好。于是，在庆祝大会举行之时，锣鼓、秧歌、舞狮队、模特队、歌舞队轮番上阵，钟鼓齐鸣、鞭炮震响、礼花纷飞、礼炮震耳，从声、光、电等各个方面对来宾进行狂轰滥炸。这些耗资惊人的“气氛营造”如果任何庆典活动都用，就完全失去其新奇性，反而变成了噪声，污染空气。

同样是庆典活动，中档酒楼、娱乐场所开业时，锣鼓和秧歌表演会引来围观公众的欢声笑语；而颇具书卷气的高校校庆，用锣鼓和秧歌等民间、通俗色彩很强的欢快表演来营造气氛就会显得很滑稽，反而是齐唱校歌、放飞和平鸽和彩色气球等较为肃穆圣洁的形式更适宜。这说明，对营造气氛的方法的设计，一定要和本组织的特色和庆祝的事由相协调，才会取得好的效果。

3. 庆典活动的后续工作

庆典活动结束后，还要继续做好如下工作。

（1）实际费用结算：准确核算实际支出并与前期预算相对比，写出费用总结报告。

（2）庆典活动影响力调查：包括信息的收集、整理、反馈，为组织的公关工作提供信息反馈。

（3）及时整理并保存礼品和资料：资料包括方案设计、讲话稿、宣传画册、来宾留言、摄影图片、光盘、活动后的各种总结资料等。

（4）再次通过电话或信函的方式向来宾表示谢意。

（5）写出效果评估报告：包括工作差错率、来宾评价、媒体报道、社会反响、同行反应、员工意见等，并在此基础上进行公关效果与社会效益、潜在作用等的分析。

（五）到场祝贺者应注意的事项

尽管到场祝贺者在庆典活动中的作用显得被动、次要一些，但既来之，则用之，如此众多的同行或相关行业的人员汇聚，正是一个组织展开公关工作的好机会。对到场祝贺者来说，要想利用庆典活动扩大本组织的影响、树立本组织良好的公关形象，应注意如下事项。

1. 为主办单位带去一份精心准备的贺礼

要想使主办单位从众多的祝贺单位中对自己所在的单位留下深刻印象，并心中充满谢意，其中一个办法就是送上主办单位想要的贺礼。很多道贺单位在这一环节上比较马虎，以为奉上一个红包就万事大吉了，而没想到利用准备的贺礼去进行公关。

贺礼其实不一定名贵，但应显得新颖别致，承载着本单位的深情厚谊，同时应最大限度地帮助举办单位扩大影响、树立公关形象。所以，一些精心设计、装裱的字画，可以放在会场外的大型祝贺条幅，设法为主办单位邀请到的著名演艺家带来的节目，在有影响力的媒体上为主办单位点歌、点电视剧、点电影等，都能体现祝贺单位的用心，在竭力为举办单位宣传的同时，顺便也宣传了自己，可谓“一举两得”。

2. 在庆典现场为营造热烈、喜庆的气氛出一份力

主办单位精心组织庆典活动，一方面，为表达对自己所取得的成就、对新的起点的喜悦之情，并借此树立和维持良好的社会形象；另一方面，也为参与的宾客制造了一个相聚一堂、沟通交流的机会。所以，参与的宾客应予以珍惜，对主办单位的各种安排予以肯定，并为主办单位营造喜庆的努力积极回应、做出自己的贡献。这要求参与宾客应做到如下两方面。

（1）不迟到、不早退，尽量参加活动的全过程，绝不讲不利于举办单位形象的话，以表示对主办单位辛苦安排的支持和尊重。

（2）在参与过程中，始终以饱满的热情、积极的态度投入其中，如对其他参与者的发言予以赞赏、热情鼓掌等。

（3）对主办单位提出的要求，只要力所能及，尽量认真配合；如果因自己能力有限，不得不婉拒某项要求时（如要求来宾表演跳舞，而实在跳不好），应诚恳地加以解释，并表示歉意。

3. 争取在庆典活动中发表祝词的机会

庆典活动的主办单位想方设法扩大影响、树立良好形象，参与的单位也应将这个庆典活动作为扩大单位影响、树立单位形象的良好机会。而庆典活动中在公众面前“露脸”的

最好机会，就是在庆典大会和相关的主要活动中上台发表祝词，这样既可以加深和主办单位的感情，又可以含蓄地宣传自己的单位，提高知名度。

4．在参与者中多收发名片，结交有可能与自己有业务往来的朋友

参与的宾客还可以在庆典活动举行的整个期间，利用参加活动之机，多结识一些新朋友。一方面，应对所有客人都要彬彬有礼；另一方面，应主动结识可能与本组织有业务往来的单位代表，主动向其赠送名片，换取其名片。同时，还可约他们一起参加各种需要积极配合的庆典活动，在愉快的合作中为以后的工作联系打好基础。

5．不喧宾夺主，摆正自己的位置，做受人欢迎的来宾

参与的宾客固然应以积极的姿态参与到庆典活动中，但切忌为了宣传本单位的形象而出尽风头、喧宾夺主。这样做，不但会令主办单位非常厌恶，而且其他参与单位也会觉得这样的人不识时务，不尊重主办单位，而对其避而远之。因为摆不正自己的位置，结果不但没有为本单位增光，反而有损本单位的形象。

实训检测

姓　　名		完成时间		所属小组	
标准分值/分	考核项目		小组给分	教师给分	建　　议
30	策划方案隆重新颖，不失礼节，又不过于铺张				
20	祝词措辞恰当，符合发言者身份				
30	开业庆典流程设计合理				
10	工作安排细致				
10	任务分工明确				

实训总结

模　　块	二	任务编号	2-4	任务名称	公司开业庆典	
实训课时	4	实训地点			指导教师	
实训学生						
我通过以下方式为项目工作做出了贡献： 在这个项目中，对我来说比较困难的事情有：						

续表

改变这种困难的状态我可以采取以下方法：   我需要做以下一些事情，使我们项目的工作更加高效：

职场故事——崭露头角 4

为了响应国家“一带一路”的倡议，加强与同行的合作交流，拓展公司业务，研究和提升公司业务层次，同时发布阳光公司迪拜分公司即将成立的消息，总公司决定在今年 1 月 8～10 日在广东深圳大梅沙喜来登酒店举行“2021 年阳光集团新年客户答谢暨迪拜分公司成立发布会”，一方面答谢长期以来支持公司发展的有关部门、合作企业和各方客户，另一方面为迪拜分公司业务的开门红造势。参加会议的有各分公司业务主管、主要客户单位负责人、同行业代表、媒体和特邀嘉宾。会议规模预计 200 多人。经公司董事会决定，由总公司行政部全面负责本次会议的组织与实施，并要求尽快拿出活动方案交公司领导层讨论决定。

李洛寒接到任务以后立即召开了行政部门全体会议，具体布置相关工作。

余安妮听到任务后信心满满，觉得行政部近些年办过几次类似的活动，应该问题不大。

李洛寒看着她，不紧不慢地说：“这次有十几个来自中东的客人。行政部以前有这方面的接待经验吗？”

余安妮马上意识到自己说话太快了，她吐了一下舌头，转眼看着何雨竹。

何雨竹对李洛寒说：“如果只是单纯的接待还好办一点，但这次是联谊，有阿拉伯地区外宾一起的联谊会活动我们的确没有什么经验，所以一定要好好研究一下。安妮，你重点负责审查联谊活动的节目。”

随后的几个月里，为了办好这次联谊活动，余安妮可没少动脑筋。最后，在何雨竹和其他同事的帮助下终于确定了基本思路。

1. 为配合迪拜分公司成立的主题，将活动现场以阿拉伯地区的装饰风格进行布置，增加阿拉丁神灯、阿拉伯飞毯等元素，让阿拉伯地区的外宾客人感到受重视，同时也让其他客人在活动中充分体验异域风情。

2. 晚宴选择清真风味，每桌预备一只烤全羊。

3. 所选定的表演节目既要有中国特色，又能被外宾所接受。

4. 提前给所有的现场工作人员进行涉外礼仪的培训，避免因一时疏忽造成不必要的误会。

可是活动的主题他们想了好久都没有想好。大家有什么好主意呢？

模块三

商务活动与客户关系

任务一　商务接待

实训准备

模　　块	三	任务编号	3-1	任务名称	商务接待	
实训课时	4	实训地点			指导教师	
实训学生						
实训目的	能做好公司一般商务接待的准备工作，并与他人合作完成不同来访者的接待					
提交资料	1. 办公室接待环境的安排和接待设施准备 2. 接待情景剧脚本、视频 3. 接待方案、物品清单、接待日程安排					

实训案例

本班成立的两家公司在业务上经常有来往，这次为了推动两家公司更加深入地合作，A 公司总经理、行政部经理、人力资源部经理、财务部经理、业务部经理 5 人将去 B 公司进行为期 3 天的考察。

考察内容包括:

1. 公司环境和内部的管理。
2. 公司所在城市的市场规模及消费特点。
3. 公司所在城市的旅游资源及地方文化。

请 B 公司做好接待准备工作，并与 A 公司配合完成接待的主要流程。对整个过程进行拍摄，将视频在班上展示。

实训任务

任务列表

1. 制定公司接待方案，安排好接待环境。
2. 撰写情景剧脚本，并拍摄视频。

3. 制定详细接待计划，含物品清单、订房、订票、订餐方案、经费预算、注意事项等。
4. 合理安排来宾对本地地方文化和旅游资源的考察。

任务要求

1. 根据案例，从秘书角度，撰写接待工作的情景剧脚本。
2. 录制的视频，画面清晰、剪辑合理。
3. 不同角色表演生动，语言符合各自的身份。
4. 日程安排合理，劳逸结合。
5. 参观考察内容丰富，富有本地特色。

知识回顾

（一）商务接待的原则

1. 接待规格的类型

秘书人员要根据来访者的身份确定接待规格。接待规格有 3 种，即高规格接待、对等规格接待及低规格接待。

（1）高规格接待。高规格接待即主要陪同人员的职位比主要来宾的职位要高的接待。高规格接待表明了接待方对被接待方的重视和友好，容易获得对方的好感。但经常采用这种接待规格，会占用主要陪同人员很多时间，而且在以后继续与被接待方来往时如果变更接待规格，可能会引发对方的不满。因此，这种接待方式不常采用。

（2）对等规格接待。对等规格接待即主要陪同人员的职位与主要来宾的职位相当的接待。这种接待规格既不会使被接待方感受到被怠慢，同时在接待过程中因为主陪双方职位相当，也更容易进行交流。这是最常用的接待方式。

（3）低规格接待。低规格接待即主要陪同人员的职位比主要来宾的职位要低的接待，所有的基层单位的接待都属于这种方式。低规格接待在接待工作落实上，需要进行细致、周到的安排，以让上级感受到下级的工作能力。

2. 接待规格的确定

接待规格的确定权最终在管理者或领导。秘书人员根据来访者的身份和目的，初步拟定接待规格，并根据与接待方交往的过往，或者主要来宾的性格特征、文化背景、我方工作安排等因素，确定接待人选，提交给管理者或领导供参考，由管理者或领导确定是否采纳。

接待规格确定后，秘书人员要将相关陪同人员的身份资料及日程安排告知被接待方，征求意见，得到被接待方的认可。如果被接待方有疑问，秘书人员要负责解释。但是，秘书人员要注意不要随意变动接待安排，以免给管理者或领导的工作增加负担。

影响接待规格的因素有以下 3 个方面。

（1）被接待方与我方的关系。若被接待方来访意义重大，或者我方非常希望与被接待方发展合作关系，希望通过此次接待让被接待方看到我方与对方合作的诚意，此时往往会采用高规格接待。

（2）一些突发因素会影响既定接待规格。因为不可避免的突发事件，主要陪同人员临时无法履行接待任务，只能由他人代替，从而导致接待规格降低。遇到这种情况，秘书人员要提前与被接待方联系，解释清楚，向对方道歉。

（3）以前接待过的来访者，最好沿用上一次的接待规格。

3. 涉外接待原则

各个国家在长期发展过程中，形成了自己的礼仪文化和风俗习惯。当具有不同礼仪文化的人群进行交往时，往往会产生误会、矛盾，乃至冲突。因此，在涉外接待时，秘书要遵循通行国际礼仪开展接待工作，为来访者搭建平等交流的文化平台。

（1）不卑不亢。这种态度原则能够体现接待方的人格魅力，以及处世原则，不以物喜，不以己悲，不会为眼前的物质利益放弃自己的尊严，也不会因暂时的成功而骄傲。这样才能够让客人对东道主产生好感，从而加深信任，加强合作。

（2）依法办事。依法办事是国际通行原则。秘书人员不仅要遵守我国法律，也要遵守外宾客户所在国的法律，要遵守各种商业合作体所规定的章程，不投机，不取巧，不钻空子，恪守诚信，照章办事，这样才能树立起良好的、可信赖的形象。

（3）内外有别。秘书人员在接待外宾时，要具有保密意识，除国家机密外，本行业、本企业需要保密的商业资料也不能泄露给外宾。在接待地点，要注意资料的保密，不能随意放置。如果外宾有要求，在合理范围内的应尽量满足，一些过分的要求，则要婉言谢绝。如果无法确定其要求是否合理，秘书人员要及时向上级报告，请求上级指示，不能自作主张。如果一些外宾无视规定强行动作，秘书人员要及时联系相关部门和人员进行处理，不可姑息。

（4）尊重个人。尊重个人是国际礼仪的重要理念。在与外宾交往时，秘书人员要注意尊重外宾个人隐私，包括他的政治信仰、年龄、婚姻状况、身体状况、收入情况、家庭住址及私人电话等；尊重外宾个人的选择，包括他的饮食习惯、服饰穿着等。秘书人员不要随意对外宾的举动指手画脚，不要以关心为名去探寻外宾的个人隐私，这些在外宾看来都是让他们非常不能接受的行为。

（5）女士优先。女士优先是指在公开场合或者社交场合，男士要为女士创造便利，这是一种绅士风度的体现，是从关心和照顾弱者的理念衍生而出的一种文化行为，也是国际惯例。这一礼仪主要流行于欧美各国，现在逐渐得到国际上的广泛认同。在商务交往中的一些重要场合，要切记履行这一原则。

（6）入乡随俗。不同的国家、不同的民族有着自己的礼仪文化和风俗习惯，如果到了与我们的礼仪风俗不一致的国家和地区，按照国际通行做法，我们应该“入乡随俗”，即尊重对方的做法，在保持自我尊严的基础上，听从对方的安排，不可随意评点对方的行为，或者随心所欲，照自己习惯做事。

（二）商务接待的策划

商务接待的策划，主要是指在接待前做好相关筹备工作，最简洁明了的就是制定一份接待计划。接待计划是秘书人员根据来访者的意图，依照企业的接待制度，对来访者来到企业后的接待工作所做的具体规划和安排。接待计划是接待工作的第一步，由秘书人员起草制定，其内容有接待规格、接待日程安排、经费预算 3 个部分。在企业内部，还会就企业内部与接待工作有关的工作人员的安排写入接待计划中，但在与对方进行来访事务安排的联络与沟通中，这部分内容没有必要出现。

涉外接待准备工作必须在清楚来访外宾或者代表团的基本情况的基础上进行。外宾基本情况包括：外宾来访的目的和意图，外宾来访的日期，来访外宾的人数、职务、性别等，外宾的饮食爱好、宗教禁忌及有无特殊生活习惯和特殊要求。秘书人员要根据以上情况，与企业领导、来访外宾进行大量沟通，为接待外宾做出完善的接待计划。

接待计划的主要内容如表 3-1 所示。

表 3-1　接待计划的主要内容

序　号	内　容	具体安排	备　注
1	接待规格	主陪高层人员，住宿、用车、餐饮、其他陪同人员	
2	日程安排	来访起止时间，每天的活动内容（日期、时间、地点、活动内容、陪同人，联系方式等）	可以使用表格形式
3	经费预算	工作经费（租借会议室、打印资料等）、住宿费、餐饮费、劳务费（讲课、演讲、加班等）、交通费、参观游览和娱乐费用、礼品费、宣传公关费、其他经费	如果住宿、交通、参观娱乐等费用需要对方自理，要将费用提前告知对方； 如果两个以上单位联合接待，要提前确定经费来源
4	工作人员	负责的工作、工作要求、工作的时间和地点、联系方式等	必要时进行工作培训

（三）商务接待的实施

在领导批准接待计划后，秘书人员要与被接待方进行有关事项的沟通，得到对方的认可后，按照接待计划，将工作逐一落实，直到接待工作完成。

1. 邀请

国内商务接待可以由主办方邀请，也可以由被接待方发函告知具体时间、地点、人员等，涉外接待第一步工作则是发出邀请。邀请一般以书面形式进行，邀请函的内容包括：被邀请者的身份、访问性质及访问的日期和时间等内容。一些非事务性活动，显示对被邀请方的尊重，也可请被邀请者在其认为“方便的时候”前来。被邀请者得到邀请函后，应及时给予答复，并可以据此办理相关手续。

2. 接站

如果秘书人员与来访者未见过面，需要事先制作一个接站牌，在牌上写上来访者的单位名称和来访者姓名，接站牌上的字要大而醒目，方便让来访者从远处就能看到。如果来访者比较重要，秘书人员接站时还应该准备鲜花，当确认来访者后献上。

在一些高规格接待中，接待方为表示对来访者的高度重视，主要陪同人员亲自到机场或车站迎接。这种接站方式场面大、气氛好，但是增加主要陪同人员的工作负担，所以一般情况不使用这种接站方式。接站人员通常情况下由秘书人员充任，秘书人员受主要陪同人员的委派前去机场或者车站迎接，主要陪同人员可在酒店等候。这是接站工作中常用的接站方式。

在机场或者车站接到来访者后，秘书应该先做自我介绍，保证来访者的知情权。如果主要陪同人员前来，但来访者与迎接者不熟悉，一般先由接待方的秘书人员介绍双方认识，介绍顺序是先主后客，然后，由接待方主要陪同人员介绍接待方人员，再由被接待方的主要来宾介绍被接待方人员。

介绍过程中，接待方要主动握手，向对方表示欢迎。国际通行礼节及我国使用的礼节是握手。有些国家的来宾习惯行拥抱礼、鞠躬、合十礼等，迎接者应该回礼。

3. 乘车

根据接待规格及被接待方的人数，来确定接待用车。首先，接待用车应该保证够用，不能发生拥挤现象；其次，要根据客人的身份选择车辆的规格和档次，要与接待规格相一致。如果被接待方有特殊要求，需要向领导进行汇报取得批准。

确定接待用车后，秘书人员必须提前告知有关部门用车的时间，并确定司机，保存司机的联系方式以防出现突发情况。

迎接来访者用车一般是轿车。如果接待规格高或来访人数较多，则由主要陪同人员同主要来宾乘坐一辆轿车，其他人员乘坐商务车或者大客车。乘车礼仪主要针对主要来宾。

如果驾驶者是主人，双排五人座轿车的上座应该是副驾驶座，其他依次为后排右座、后排左座、后排中座。三排七人座轿车除副驾驶座外，其他依次为后排右座、后排左座、后排中座、中排右座、中排左座。

如果驾驶者是专职司机，双排五人座轿车的上座为后排右座，其他依次为后排左座、后排中座、前排副驾驶座。三排七人座轿车的上座为后排右座，其他依次为后排左座、后排中座、中排右座、中排左座，前排副驾驶座。

乘车时，本着尊者先行的原则，要让主要来宾先上车。接待方的秘书等应为主要来宾拉开车门，示意其乘车位置，待其坐好后关上车门。其他人员可以自行上车，秘书最后上车。下车时，如果目的地没有工作人员为主要来宾开门，秘书人员则要先下车为主要来宾拉开车门，如果有门童、警卫等可以代劳，就不必抢着做此事了。接待方的秘书在征得对方同意后，可以帮助其拿大件行李并放到接待用车的后备厢中，如对方婉拒则无须坚持。

4. 餐饮

商务宴请是当前商务活动的重要形式之一，餐桌是社交活动的重要平台，是极具潜力的公关工具。越来越多的商务人士将餐桌视为绝佳的谈判桌，通过宴请，联络感情、协调关系、消除隔阂、增加友谊、加强合作等。商务宴请的形式多样，涉及方面多，如果在安排的时候没有注意到来宾的爱好、禁忌，将会严重影响双方的关系，更严重的甚至会导致双方合作中止。如果安排的餐饮不合适，可能会影响企业形象，造成整个接待工作的失败。

秘书人员要根据公司的相关规定，按照接待规格，确定餐饮标准，并安排相关事宜。被接待方是否有饮食禁忌、就餐者的人数、共安排几场餐饮，其中哪些属于宴请，哪些属于工作餐，哪些餐饮费用由我方支付，哪些由对方付费等，宴请地点选择在哪里，有哪些人作陪，宴饮的桌次和座次如何确定，宴请菜单应该是什么档次，有哪些菜品可以体现出主办方宴请的诚意，并且符合被接待方的饮食习惯，宴请时是正式发出请柬还是口头邀请，这些都需要秘书人员事先确定好。根据接待的目的、接待对象特点、接待经费，秘书人员做出正确的选择。

（1）商务宴请的特点。

① 以吃佐谈。商务宴请的目的是展示公司形象，促进公司与来宾的友好关系，形成良好的合作基础，这是当前商务活动中“柔化”的谈判方式。宴饮时的友好气氛，可以冲淡谈判桌上的利益冲突，钝化彼此间的矛盾，使工作更好地开展。因此，在进行宴请时，请客方首先要把握好“宴”的因素，吃什么、吃多少、何时吃、何地吃、谁来吃、怎么吃，都是需要重视的方面，处理得当，商务宴请才能实现其公关目的。

② 讲究礼仪。餐桌礼仪是社交礼仪的重要组成部分。在商务宴请时，无论是主人还是客人，都要表现出良好的礼仪修养，遵循宴请的礼仪规范，表达对交往对象的欢迎和尊重。务必准确把握餐桌礼仪，要友好大方，不能讨好谄媚；要举止大方，不能油腔滑调；同时还要善解人意，在饮食文化上求同存异。

③ 严谨规范。商务宴请的礼仪、程序都有着严格的规定，尤其当宴请对象与自己有不同甚至可能相冲突的文化背景和风俗习惯的时候，宴请礼仪工作要求尤为严格。没有遵守或者没有考虑不同对象的礼仪要求，就容易令宴请对象感到被冒犯，严重者甚至会引发文化冲突或者外交纠纷。因此，商务宴请，尤其是对外商务宴请时要严格遵循礼仪规范，不能随意发挥。

（2）宴请的形式。

① 宴会。有合作伙伴或企业之间为某项业务活动（如洽谈会、签订合约、庆祝某项合作、某种仪式庆典等）而举办的宴会，也有企业因为某项重大业务获得成功答谢员工而举办的宴会。宴会一般分为正式宴会与非正式宴会（便宴）两种形式。

a. 正式宴会。正式宴会包括中餐与西餐两种宴会形式。正式宴会一般在有重大活动的时候举办，这种宴会规格高、规模大、程序严格，往往是为了宴请专人精心准备的，通常是在特定地点或者大型酒店举行的大型就餐活动，对于礼仪要求严格。举办宴会也是对公司文化的一种宣传和普及，因此，我国的正式宴会多以中餐为主。如果招待的客人是外宾，按照礼仪习惯，客人要举办答谢宴；如果外宾是西方国家的人，举办的答谢宴常以西餐为主。

b. 非正式宴会。非正式宴会也叫便宴，这种宴会的规模小，比起正式宴会令人感到更加亲切和自然。如果招待方与被招待方关系密切，可以举办便宴，以表示对客人的全方位的接纳。非正式宴会也可以在酒店举办，与正式宴会相比，省略了一些礼仪程序。非正式宴会偏重于人际交往，不注重规模与档次，一些接风宴及送别宴常以这种形式进行。

宴会工作比较烦琐，它能够表现出接待方的好客热情、慷慨大方及其文化素养和管理能力。宴会所需的费用一般是由招待方来支付的。筹备宴会的工作量很大，需要特别细致的筹划、安排，并要具备节约意识，必要的时候可以请教礼仪专家。

② 招待会。招待会是当前商务宴请中经常采用的一种形式。招待会有酒会、自助餐、茶会、咖啡宴等形式。招待会形式灵活、时间短、程序简便、管理便利、参与人员交流机会多、交流范围大，餐饮仅仅作为辅助手段。招待会上只准备食品和饮品，不准备正餐，不安排宾主席位，不需要菜单，客人可以根据自己的口味选择自己需要的食品，经济实惠，是十分受商务人士欢迎的就餐方式。

招待会在工作程序上的要求比较严格。举办招待会，招待方要注意服务工作的管理，注意对服务人员的培训。招待会要突出主题，要避免将不同的招待会形式混为一谈，搞得不伦不类，反而会影响外宾对本企业形象的认识。

③ 工作餐。工作餐是一种边谈边进餐的非正式宴请形式。与上述两种就餐方式相比，工作餐不挑时间、地点、人员，而是按照正常工作安排，在就餐时间安排的一种就餐方式。工作餐可以选择合餐、分餐，可以安排送餐到工作场所，也可以由招待方提供相对便利的场所就餐。有些企业为了减少工作量，甚至直接将餐券或者餐卡发给就餐者，由其自行就餐。这种方式高效实用，可以体现出企业完善的管理能力。

工作餐经济实用，可以节省大量就餐时间，从而用到工作上去，可以利用就餐时间继续探讨工作且氛围好，因此很受商务人士青睐。但是，工作餐要注意及时订餐，注意食物的质量和数量，注意食物的卫生。

（3）商务宴请的安排。商务宴请的工作包括根据商务活动的目的、对象、时间等要素考虑宴会的类型、时间、地点、菜单等方面，并据此决定场所布置、服饰、费用等。具体工作程序如表 3-2 所示。

表 3-2 商务宴请工作程序

工作程序	宴会			招待会			工作餐
	正式宴会	非正式宴会	酒会	自助餐	茶会	咖啡宴	
确定时间	特定时间，晚宴居多	中、晚餐均可，迎送宴最好在客人到达当晚和客人离开前一天	鸡尾酒会在下午 6 时左右，约 2 小时；餐后酒会在晚上 9 时左右，不限定时间	早、中、晚均可	上午茶会一般在 9 点半左右，下午在 3 点半左右	上午咖啡宴一般在 11 点，1 小时左右；下午在 4 点以前	正常就餐时间
确定地点	高档酒店或特定场所	环境优雅、安全卫生，交通便利	空间较大，通风良好，有活动场所	大型餐厅、露天花园，要保证活动场所	以招待方的会议室居多	咖啡厅或者家中	食堂、餐馆
菜单	提前确定，主菜要有特色	提前确定或者现场点菜，要照顾客人口味，荤素、咸甜、冷热搭配得当	酒水（红酒、低度酒）、饮料（热、冷）、点心	冷菜、热菜、汤、点心、甜品、水果及酒水	香茶、鲜果、糕点、糖果	咖啡（不能使用速溶咖啡）、点心	主食、蔬菜、蛋白质、汤、肉类
请柬	有	无	有	无	有	有	无
安排座位放置姓名牌	有	重要桌次、重要客人，其他不需要	无	无	无	无	无
敬酒	有	有	无	无	无	无	无
服饰要求	正装	大方得体	礼服、首饰	得体	得体	正装	普通着装
场所布置	装饰、地毯、音乐	简单布置或者不布置	音乐、灯光、鲜花、摆台等	摆台、鲜花	花、装饰	花、装饰	无
费用承担	接待方	接待方（答谢宴会是被接待方）	接待方	一般是接待方，也可以双方各付各的费用	接待方	接待方	谁提议谁付费，或者是 AA 制

5. 住宿

秘书要根据企业的相关规定，按照接待规格，确定被接待方的住宿标准并且提前预订房间。秘书要事先了解被接待方的人数、身份、性别及住宿要求，综合交通、环境、卫生等因素选择合适的酒店。在上报管理者或领导审批时，秘书应多提供一些选择。确定后应提前考察住房条件。

在预订房间时，要根据被接待方人员的具体情况进行安排。要为主要来宾安排商务房或者单间，其他工作人员一般安排标准间。要尽可能在卫生、安全和服务方面选择有保障的酒店，可首选与企业有合作关系的酒店。

6. 参观、活动

对来访团体一般都会安排参观、娱乐活动，这是为了让被接待方更好地了解本公司的实力，感受本公司企业文化。

在安排参观内容时，要根据参观目的而有所侧重：一是要安排有代表性的，能够满足来访者的基本要求，同时能表现公司特点和实力；二是不要影响公司正常的生产和工作，需要通过精心设计；三是注意保密，一些重要的核心机密，或列为拒绝参观内容，或在参观时严格制定参观纪律，向参观者说明并督促他们遵守。

工作之余，可以安排来访者进行游览、娱乐，以显示接待方的好客和文化素养。如果来访者初来本地，可以安排游览本地的代表性景点。在游览时，秘书要熟悉游览的景点，能够进行简单的解说，不能全部交给旅行社导游。

如果来访者的身体、年龄及兴趣都不适合游览，还可以安排娱乐活动。娱乐活动包括参与项目与观看项目两种。要了解来访者的爱好和兴趣，挑选其喜欢的、水准较高的观看项目，参与类的则要照顾来访者的身体状况，选择有趣但是难度、强度都较小的项目，以保证参与者的身体健康和安全。

在安排参观、娱乐时，要根据不同的活动特点提醒来访者注意着装，并提出合理化建议。在公众场合避免大声喧哗，遵守公共场所秩序，遵守活动场所的行为规定，在活动中尽量提供文字性的相关资料给来访者，为他们做好服务。

7. 送别

当来访者完成工作任务返回时，接待方要做好送别工作。如果来访者离开的时间是上午，在前一天晚上，接待方的全体人员要前去来访者下榻的酒店进行话别，时间控制在30分钟内。必要的时候，接待方可以准备一些礼物，话别时送上。如果客人离开的时间是下午或者晚上，接待方可以当天上午到酒店与其话别，同时接待方要将有关送行的工作安排告知对方，让对方放心。

8. 馈赠礼品

在国际商务交往中，按照惯例，双方一般要互送礼品。送礼方在选择礼品时，要了解对方的文化禁忌，以免引起对方的反感。

实训检测

姓　　名		完成时间		所属小组	
标准分值/分	考核项目		小组给分	教师给分	建　　议
20	接待计划内容齐全，格式正确，具备可行性				
10	订房考虑因素周全，订房步骤正确，手续齐全				
10	餐饮安排正确，合理。就餐方式及时间、地点的选择有利于工作，有利于加深双方的了解				
10	接站人选得当，物品准备齐全，车辆安排符合礼仪要求，乘车礼仪正确				
10	参观考察活动安排合理，能达到考察目的，同时具备保密意识				
10	游览、娱乐项目选择得当，且准备工作充分，能展示我方的工作实力				
10	送别工作程序正确，送别人员行为得当				
10	经费明细合理，经济适用				
10	小组介绍清楚，内容完整				

实训总结

模　　块	三	任务编号	3-1	任务名称	商务接待
实训课时	4	实训地点		指导教师	
实训学生					

- 我通过以下方式为项目工作做出了贡献：

- 在这个项目中，对我来说比较困难的事情有：

- 改变这种困难的状态我可以采取以下方法：

- 我需要做以下一些事情，使我们项目的工作更加高效：

职场故事——渐入佳境 1

阳光公司发展迅速，市场不断扩大，在形势上需要联合其他企业共同发展。S 市信达公司最近向阳光公司表达了合作意向。该公司是一家老字号企业，有悠久的历史传承，希望与一家现代化气息浓厚的公司强强联合。信达公司通过多方调研，初步拟定了几个对象，阳光公司因资质优良，产品口碑好而入选。信达公司计划通过实地考察，从这几家中选定合作伙伴。一个月前给阳光公司发函表示要来考察，考察人员由公司副总刘进、副总助理金一民、生产部经理陈金福、营销部经理张民、企划部经理李健组成，希望了解阳光公司的企业文化、产品研发，并参观其生产线。阳光公司复函表示欢迎，将接待工作的任务交给了行政部。

何雨竹负责安排接待工作，她分配余安妮拟写接待计划，表示公司领导很重视这次接待，希望能够展示公司的实力，促进双方的合作。这次接待公司周副总将全程陪同，对方的一些要求，在不造成公司损失的前提下，可以考虑满足，除工作因素外，在吃、住、行上都要安排合理，体现出我们希望合作的诚意。

余安妮根据何雨竹的意见，拟写了接待计划，她将接待计划上交给何雨竹。何雨竹逐项进行了审查："接待规格、接待日程安排、接待经费，挺全面的，还有接待人员工作安排，用表格细分了工作范围，醒目又详细，基本符合要求。但是，你在安排参观公司研发部的时候，考虑保密情况了吗？按照你的安排，他们可以接触公司正在研发的产品的资料，这个不合适。另外，你所考虑的几家酒店，价格相对较高，这次他们来访，住宿费用是自付的，是不是符合他们公司的财务规定，你有没有进行了解？如果回去报销有了问题，这就不太好了。另外，考虑一下娱乐活动的安排，他们这次会住两个晚上，难道每晚都在酒店待着吗？""好的，主任，我回去再考虑一下。"

余安妮修改之后，何雨竹又对改后接待计划的不足之处进行了改进，上交给了李洛寒，获得批准。何雨竹与信达公司联系，通报了己方的接待安排，对方表示满意。办公室开始了接待工作的落实，有人安排接机、订酒店、订餐，有人负责起草材料，有人负责联络安排各有关涉及接待的部门，整个办公室都按照接待计划的安排有条不紊地忙碌着。

任务二　商务谈判

实训准备

模　　块	三	任务编号	3-2	任务名称	商务谈判	
实训课时	4	实训地点			指导教师	
实训学生						
实训目的	能协助领导做好商务谈判的准备、服务和后续工作					

续表

提交资料	1. 商务谈判前的资料准备 2. 商务谈判现场布置 3. 商务谈判的问题设计、表达方式等 4. 模拟商务谈判现场的照片、视频资料 5. 商务谈判后的工作安排表

实训案例

经过上次的来访，A 公司被 B 公司的合作诚意所感动，准备邀请 B 公司的相关领导来 A 公司所在城市进行正式的战略合作谈判。B 公司派出了行政部经理、人力资源部经理、财务部经理、业务部经理及 1 名秘书 5 人去 A 公司进行商务谈判。（谈判内容可由教师根据两家公司的业务范围进行提前设计，应注意两家公司的利益冲突点。）

请 A 公司做好谈判前的准备工作，并与 B 公司配合完成模拟谈判。不参与谈判的同学，在现场进行观摩。

实训任务

任务列表

1. 商务谈判前的资料收集目录和具体信息。
2. 商务谈判的问题设计。
3. 商务谈判的服务安排。
4. 商务谈判后的资料保存。

任务要求

1. 两个公司各领取一份商务谈判案例，围绕一个商务谈判项目，给 A、B 双方不同的谈判条件，谈判条件既要有双方利益的冲突点，又要具备协议的可能性。
2. 两家公司拿到的案例背景虽然是一样的，但各自具体条件、报价肯定是不一样的，因此应特别注意保密，如果让对方谈判前知道你的底价和条件，将会给谈判带来被动。
3. 两家公司应提前做好谈判人员的分工和谈判策略的设计。
4. 谈判过程中既要注意为本方力争最大利益，又要关注对方的感受和现场气氛。
5. 谈判服务工作应安排具体，落实到人。
6. 完成谈判后的总结，并选出代表进行汇报。
7. 观摩的同学可以就谈判过程提出自己的意见和建议。

知识回顾

商务谈判是商务活动的当事人为了满足各自的需要和维持各自的利益，为妥善解决某些问题而进行的协商活动。商务谈判的成功与否，不仅影响到一个单位的利益和信誉，有时甚至关系到国家的利益和声誉。秘书人员经常要陪同或代表上司参与谈判，所以在工作中既要熟悉商务谈判的程序，又要能为谈判提供相应的服务，协助谈判人员完成谈判任务。

（一）商务谈判前的准备

1．商务谈判的环境准备

（1）谈判场所的准备。较为正规的商务谈判至少要安排 3 个房间，一个房间作为主要谈判室，一个房间作为私密会谈室，还可以安排一个供双方人员休息的休息室。

① 主要谈判室。主要谈判室是商务谈判的主战场，要求光线充足、面积足够、环境舒适。除谈判桌椅外，还可以根据需要提前放置投影仪、屏幕、电脑、音响等设施，但一般不宜放录音、监控设备。

② 私密会谈室。为了让某一方能够有私下商议的机会，可提供私密会谈室。私密会谈室一般面积不宜过大，除桌椅等基本设施外，隔音效果一定要好，窗户上要有窗帘。

③ 休息室。休息室应该布置得轻松、舒适，最好能有一些花卉、绿植或装饰品，能够让双方暂时得到放松，缓和彼此紧张的气氛。休息室里还可以提供一些小食、饮料、咖啡、茶叶等，供谈判代表享用。如果能配上轻松的音乐，会让现场气氛更加放松。

（2）谈判座位安排。商务谈判的座位安排，一般是按照国际的惯例，以右为尊，对门为尊。根据这个原则，可以有横式和竖式两种方式，如图 3-1 和图 3-2 所示。

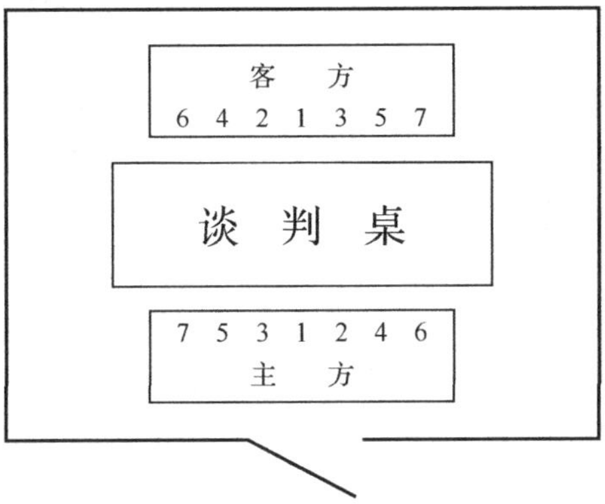

图 3-1　横式谈判桌

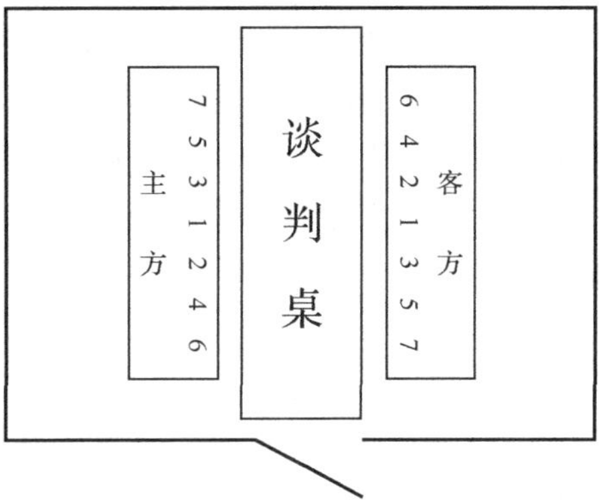

图 3-2　竖式谈判桌

图中的“1”是主谈人，其他人按职位或身份高低依次而坐。秘书人员可在旁边另设座位，以便随时出入做好服务工作。

2．商务谈判的资料准备

拥有充足的信息资源是商务谈判成功的保障，这些信息包括：国家政策和法规；市场行情和动态；产品（或服务）特点和优势；谈判对手基本信息（法人身份、资本、经营范围、经营能力与经营方式等）；谈判对手的信用情况（业界口碑、市场声誉、履约能力、资金状况等）；谈判对手的背景信息（所处的商业背景、文化背景、宗教习俗等）；参与谈判人员的基本情况（身份、地位、个性、教育背景、文化背景，处理问题的方式、表达方式、所担任的角色等）；谈判地点信息（谈判地点的位置、周边环境、交通情况、相关设施条件等）。

3．商务谈判的沟通协调准备

（1）沟通联络。秘书人员要在谈判前与对方进行充分的沟通联络，提前商定谈判的时间、地点、流程、参加人员、主要议题、谈判方式、注意事项，甚至还要考虑住宿、餐饮、交通、着装、用品、文件资料等细节，为谈判的顺利进行做好准备。

（2）人员选择。参与商务谈判的人员应该有非常强的业务能力和专业知识，并能在承担的角色上有所分工，相互补充，相互配合，共同达成谈判目标，具体来说应从以下 4 个方面考虑：

① 精通业务，熟悉专业；

② 各有所长，分工明确；

③ 思维敏捷，口才出众；

④ 配合默契，相互呼应。

4．商务谈判的方案准备

秘书人员有时需要协助谈判人员提前制定谈判的方案，谈判方案一般包括如下内容。

（1）确定谈判目标。谈判目标至少准备 3 个，一是对我方最有利的目标，二是可以接受的目标，三是最低限度的目标。

（2）安排谈判程序。商务谈判的程序一般包括准备阶段、争论阶段、议题修正阶段、结束谈判阶段和签约阶段。有些谈判最终不能达成一致，无法签约，但仍建议签署备忘录，记录已经取得的成果，为下一步沟通提供依据。

（3）谈判策略。谈判双方都会努力争取自己的利益，因此难免出现分歧。谈判策略就是对这些可能出现的分歧进行预判，判断对方可能出现的阻碍和可能采取的策略，并提前设计好对策。根据事先对双方优劣的判断，谈判形势有你强我弱、旗鼓相当、我强你弱 3 种情况。

针对不同的谈判形势，采取的谈判策略也应该有所不同。在不同的谈判形势下，如何一步步让对方接受己方的价格或条件，如何尽快探知对方的底线，如何安排谈判人员的角色及角色间如何配合，什么时候需要强硬，什么时候可以妥协等，都是谈判策略需要考虑的问题。

（二）商务谈判中的服务

1．现场服务

（1）茶水服务。因谈判现场不宜有其他人员进出，秘书人员应主动承担起会场的茶水服务工作。一般情况每半小时添一次茶水，不宜太频繁，否则会干扰谈判的进程。如果谈判时间过长，可以安排一两次茶歇，让大家适当缓解一下紧张的情绪，更有利于谈判的进行。

（2）资料服务。在谈判现场，谈判代表不宜时常走动，如果需要相关资料可委托秘书人员代拿。秘书人员应随时观察谈判现场的需求，及时准确地提供相关资料。

（3）咨询服务。谈判现场的形势千变万化，不时会出现一些意想不到的问题，秘书人员可利用进出方便的优势，及时寻求帮助，提供临时问题的解答。

（4）联络服务。谈判中有时会出现需要与对方协商，但又不宜由谈判代表提出的情况，也可以由双方的秘书人员私下联络，并把对方的意见反馈给己方。总之，秘书人员在谈判现场需要随时保持警醒，灵活处理临时出现的各种问题。

2. 商务谈判中的保密工作

商务谈判中哪一方掌握的信息充分就有可能占得主动、取得优势，因此在谈判过程中，一方面要想方设法搜集对方的信息，另一方面要小心谨慎地做好自己的信息保密工作。秘书人员要注意以下场合的保密工作。

（1）公共场所的信息保密。公共场所人员复杂，身份各异，在商务谈判期间要特别小心。谈判人员在公共场所尽可能不要讨论与谈判有关的事宜，避免暴露身份，也不要将与谈判有关的资料随手乱放，随身携带的手机、电脑也要特别小心。

（2）与对方沟通时的信息保密。秘书人员要提前与对方进行沟通，在沟通过程中也要注意保密，除不泄露本公司的谈判资料、数据、条件、价格、策略外，还要注意不泄露本公司参与谈判的人员、谈判的准备工作、合作或竞争公司的信息等。

（3）与己方沟通时的信息保密。秘书人员在与本公司人员沟通时同样也要注意保密，与无关人员不要谈及谈判的有关情况，即使本公司参与谈判的人员，因为角色不同、身份不同、参与谈判的阶段不同，也不是所有的资料都需要掌握。在没有得到上级的允许时，任何资料都不得随意透露。

（4）网络交流中的信息保密。现代商务活动中的泄密事件有很多都是通过网络发生的，秘书人员要注意保护自己的手机、电脑中的信息。不要在公共邮箱、社交工具中提及谈判有关事宜，传递有关资料，同时也要预防来自网络的病毒等。

（5）使用办公设备时的信息保密。秘书人员在使用电脑、打印机、复印机、传真机、扫描仪等办公设备时，要提高保密意识，杜绝一切可能泄密的隐患。比如，使用电脑后，是否对文件进行加密处理，是否进行妥善保存；打印后，是否将电脑中的文件删除或转移；复印后，是否将原件收回，复印机上是否会留下痕迹；传真时，号码是否经常核实，是否收回原件，对方是否及时取出收到的传真件；扫描仪使用后是否有其他的传输端口，能否同时被其他电脑接收；作废的文件资料是否及时处理干净。

（6）休息时的信息保密。在谈判休息阶段，不得将与谈判有关的资料留在谈判室，也不得带到休息室或其他场所，应交由专人妥善保管。在休息室交谈时也不要谈及与谈判内容有关的话题，甚至连何时返程、下一步工作安排等都不要提及，因为对方掌握你的返程时间就可能有针对性安排谈判的时间和策略。

3. 商务谈判后的任务

在整个谈判过程中会产生大量的资料，如前期搜集的信息资料、谈判方案，谈判中的记录，沟通中形成的资料，谈判后的协议书、备忘录、总结资料等。这些资料完整保存了本次谈判的过程，是双方合作的凭证，也为今后的谈判提供参考。秘书人员在整个谈判过程都要注意收集相关资料，待谈判结束后，及时归档保存。

实训检测

姓　名		完成时间		所属小组	
标准分值/分	考核项目		小组给分	教师给分	建　议
10	资料搜集的范围是否正确				
10	资料搜集的渠道是否合适				
10	资料的内容是否有价值				
10	资料是否有助于谈判目标的实现				
10	谈判策略是否合理				
10	谈判小组分工是否科学				
10	谈判小组成员的配合程度				
10	语言表达和倾听能力				
10	过程控制、时间掌握				
10	目标达成				

实训总结

模　块	三	任务编号	3-2	任务名称	商务谈判	
实训课时	4	实训地点			指导教师	
实训学生						

- 我通过以下方式为项目工作做出了贡献：

- 在这个项目中，对我来说比较困难的事情有：

- 改变这种困难的状态我可以采取以下方法：

- 我需要做以下一些事情，使我们项目的工作更加高效：

职场故事——渐入佳境 2

这天刚上班，何雨竹把余安妮叫到办公室，关上办公室的门，表情严肃地对安妮说："现在有个重要的任务，你要配合我一起完成。"如此郑重的神态让余安妮有点紧张。

何雨竹递给余安妮一些资料，接着说，"是这样的，公司准备和深圳恒昱公司共同开发一个大型的文化产业项目，双方经过前期的接触，意愿都比较强烈。近期公司会派出一个谈判小组，就具体合作事项与对方进行谈判。"

"现在公司要求我们尽快把对方的各种相关资料搜集完整，为谈判做好前期准备。但由于双方合作目前还处于保密阶段，相关工作也不宜公开。所以现在只有我们两人负责这项工作。没问题吧？"

"当然没问题，保密是秘书最基本的职业素质。只是，我不知道要搜集一些什么资料，怎么搜集？"

"这个没关系，你协助我就行。"

经过几天紧张的工作，余安妮在何雨竹的指导下，将恒昱公司的相关资料搜集得差不多了，资料可以清楚地反映出恒昱公司的经营范围、资产状况、运营模式、市场占有率、行业影响力等各个方面，这些对公司高层谈判策略的准备具有非常大的帮助。

在整理资料时，一则信息引起了余安妮的注意，其中显示恒昱公司曾经卷入一桩非法集资的案件。她立即提高了警惕，专门把这份材料打印出来交给何雨竹。何雨竹皱着眉头仔细看了这份材料，"虽然来自一个小网站，但也不可不重视。"随即她把材料提交给公司高层领导。

几天之后，公司委托的法律顾问传来了调查结论，此事为该公司一位离职的员工所为，与公司并无直接联系，而且已经得到妥善处理，不影响该公司的形象和业务运营。大家悬着的一颗心才放下了。

虽然只是虚惊一场，但是何雨竹还是表扬了余安妮认真的工作态度。

因为前期准备工作做得出色，何雨竹和余安妮被安排到公司商务谈判小组中，不过她们两个的主要任务是在谈判现场做服务工作。

经过与对方秘书人员沟通，双方决定租借 A 市会议中心的 3 间会议室，用于本次的谈判。余安妮有些困惑，她问何雨竹："为什么准备 3 间会议室，不是只有两个公司吗？"何雨竹说："一间大会议室作主要谈判室，一间小的作私密会谈室，还有一间作休息室。"

"私密会谈室是干吗的？"余安妮有点不解。

"在谈判过程中，有时某一方需要进行临时的商议，私密会谈室就是为这个需要准备的。这个最好事先准备好，否则临时不容易找到，而且临时找的地方也会让对方不放心。"

"考虑得这么周到呀。"余安妮若有所思，她继续问，"休息室需要准备些什么呢？"

"你好好想想，看看休息的时候会有什么需要？"何雨竹有意想考察一下余安妮。"

这事难不倒余安妮，她根据工作以来积累的经验，布置好了休息室。

"我们还需要做什么？"布置完休息室，余安妮有点意犹未尽。

何雨竹一边带着余安妮仔细检查几个房间，一边回答她，“等检查完了，剩下的就是静等谈判开始，听候领导们随时吩咐。”

谈判开始的前两天，恒昱公司的办公室主任陶小姐给何雨竹打来电话，说本来安排的 7 人谈判小组中有一位副总临时有任务，不能前来，希望阳光公司的谈判小组也由 7 人改为 6 人。何雨竹问了半天，对方并不说明理由。

行政总监李洛寒一听这个要求，就有点冒火，“谈判都要开始了，凭什么要求我们减人？再说多一个少一个有什么关系？”

何雨竹一时也不知道怎么回答，余安妮想了一会，小声说：“会不会是这个原因？”

李洛寒眼睛一瞪，“有什么原因？还不快说。”

余安妮有点紧张，不过还是大着胆子说了，“我在搜集资料时了解到，对方公司主谈人刘副总是中国香港人，早年在英国留学，思维方式上很西化，如果他们 6 人我们 7 人，正好是 13 人，这个数字对他来说会觉得不吉利。当然，这只是我的猜测。”

李洛赛听完一皱眉，“那他们干吗不再加一个？”

余安妮眨了眨眼睛说：“这个 14 对于香港人……”

李洛寒听罢笑了起来，“哈，这个刘副总，还这么讲究。不过这也不是什么大不了的事，就让徐工程师跟你们一起坐在旁边，6 个人就 6 个人吧。”

何雨竹说：“那好，我就按 6 个人安排座位。这样场面上也显得平衡。”

事后余安妮悄悄问了对方的秘书，还真是被她猜对了。

任务三　签字仪式

实训准备

<table>
<tr><td>模　块</td><td>三</td><td>任务编号</td><td>3-3</td><td>任务名称</td><td colspan="2">签字仪式</td></tr>
<tr><td>实训课时</td><td>4</td><td>实训地点</td><td colspan="2"></td><td>指导教师</td><td></td></tr>
<tr><td>实训学生</td><td colspan="6"></td></tr>
<tr><td>实训目的</td><td colspan="6">掌握签字仪式的流程和准备工作</td></tr>
<tr><td>提交资料</td><td colspan="6">1. 签字仪式方案
2. 现场布置图
3. 模拟签字仪式的现场图片、视频</td></tr>
</table>

实训案例

根据上一任务进行谈判后，两家公司应及时对谈判过程和结果进行总结。随后进入本任务签字仪式的实训。

A 公司任务：负责起草签约文件。

B 公司任务：负责组织签字仪式。

实训任务

任务列表

1. 起草签约文件。
2. 制定签字仪式方案。
3. 布置签字仪式现场。
4. 模拟签字仪式。

任务要求

1. 如果谈判顺利，双方达成一致，A 公司可根据谈判结果，负责起草协议书；如果谈判不顺利，双方未能达成一致，A 公司负责起草谈判备忘录。

2. B 公司应制定具体的签字仪式方案，并布置好现场。

3. 两公司各派两名同学扮演记者，在签字仪式后进行现场提问。

4. 主签字人就提问进行现场回答。

知识回顾

凡正式签署涉及重大事项的协议、合同、条约、协定或公约时，一般都要举行签字仪式。签字仪式虽然比较简短，但是对仪式的要求比较正式，程序严谨、气氛庄重、安排周到。有时为了扩大影响，获得更多的支持，也可以考虑邀请媒体进行采访和报道。

（一）签字仪式的策划

1. 签字人员的准备

基本上都是双方参加会谈的全体人员，也可以特邀一些嘉宾来见证签约，双方人数大体相等，签字人的身份大体相等。

秘书人员一般在签字仪式中担任助签人的角色，为主签字人传递、交换合同文本，协助主签字人完成签字仪式。

2. 签字文本的准备

秘书人员应该提前准备好签字文本，应会同有关各方一道，共同完成合同的定稿、校对、印刷、装订，如果文本没有印制专门的封面，最好事先装在文件夹中，以免出现折皱。按规范，应为在合同上正式签字的有关各方，均提供一份待签的合同文本。为防止意外，还应预备几份副本备用。

如果是涉外合同，则应由双方约定合同的文字，或是使用国际上通行的英文、法文，也可同时并用有关各方法定的官方语言。

3. 签字物品的准备

要准备好签字用的文具，如签字笔、吸墨纸（在签字后迅速吸干墨渍），如果是涉外签字仪式还应该准备好各方的国旗。

4. 邀请嘉宾的准备

秘书人员应提前向参加签字仪式的嘉宾发出邀请函，包括见证签字的领导、媒体代表、其他见证人。邀请函上除写明时间、地点、内容外，还应注明着装要求。

5. 仪式服饰的准备

签字仪式是正式场合，在仪式前要规范好签字人员的服饰。按照规定，签字人、助签人及见证人、随员，在出席签字仪式时，应当穿着具有礼服性质的深色西装套装、西装套裙，并配以白色衬衫与深色皮鞋。礼仪人员、接待人员，可以穿工作制服，女性还可穿旗袍类的礼仪性服装。

6. 签字现场的准备

（1）签字厅的布置。由于签字的种类不同，各国的风俗习惯不同，因而签字仪式的安排和签字厅的布置也不尽相同，但一般要选择结构庄严、宽敞明亮、气氛隆重的会议室或大厅。

（2）签字桌。通常会选择长方桌作为签字桌，桌面上覆盖深绿色的台布，桌后放两把椅子，桌上摆放各方准备签字的文本，文本前方分别放置签字用的用具，中间摆放一个旗架，悬挂签字双方的旗帜。

（3）香槟酒、酒杯、托盘。一般签字仪式结束后有开香槟庆贺的惯例，所以应提前准备好香槟酒、酒杯、托盘。

（4）其他设施。如有需要可准备音响、麦克风、电脑、投影仪，还可以考虑安排合适的背景音乐。

（二）签字仪式的组织

1. 签字仪式的座位安排

签字仪式一般是按照国际惯例，以右为尊，客方签字人坐在右边座位，主方签字人坐在左边座位。见证人、陪同人员可以采用“并列式”或“相对式”两种不同方式进行入座，如图 3-3 和图 3-4 所示。

（1）并列式。见证人、陪同人员站在双方签字人的身后，共同见证签约的重要时刻，待签字结束，与签字人一同合影留念。

（2）相对式。如果现场来宾较多，也可以考虑采用相对式，即见证人、陪同人员坐在双方签字人的面前，共同见证签约的重要时刻，待签字结束，一起上台合影留念。

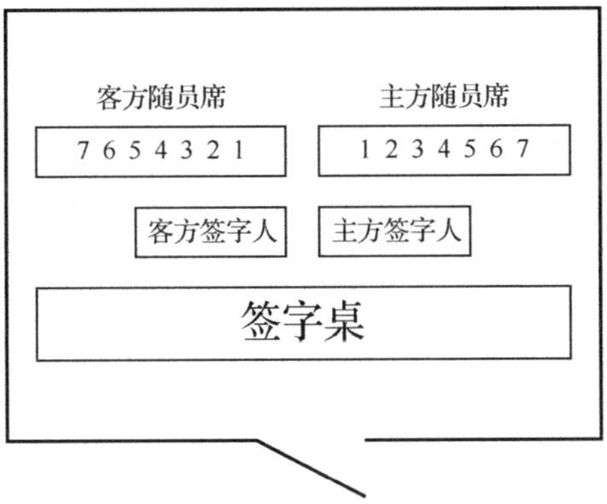

图 3-3　并列式座位安排

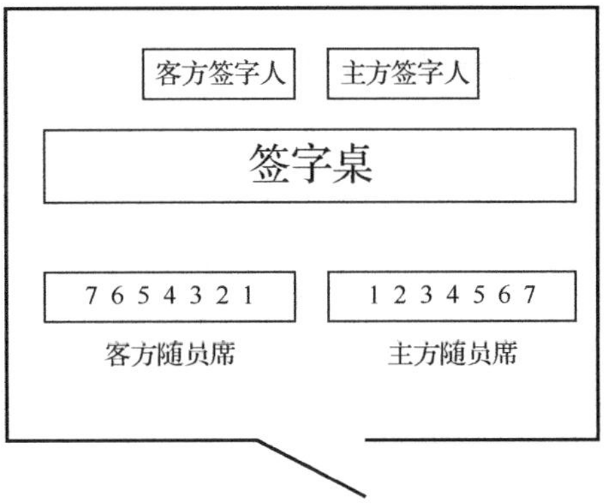

图 3-4　相对式座位安排

2. 签字仪式的程序

（1）参加签字仪式的双方代表及特约嘉宾按时步入签字仪式现场。

（2）签约者在签约台前入座，其他人员分主、客和身份高低，按指定位置站立或就座。

（3）双方助签人员分别站立在各自签约者的外侧。

（4）签字仪式开始后，助签人员翻开文本，指明具体的签字处，由签字人签上自己的姓名，助签人迅速用吸墨纸，吸干墨渍，再将己方签了字的文本递交给对方助签人员，交换对方的文本再签字。

（5）双方保存的协议文本都签好字以后，由双方的签字人郑重地交换文本，同时握手致意、祝贺，双方人员同时鼓掌表示祝贺。

（6）双方签字人和来宾一同合影留念。

（7）合影后，服务人员用托盘端出香槟酒，双方签约人员举杯同庆，以增添合作愉快气氛。

（8）签字仪式结束后，双方可共同接受媒体采访。退场时，可安排客方人员先走，主方送客后再离开。

（三）签字仪式的注意事项

1. 签署双边合同

（1）应该请客方签字人在签字桌右侧就座，主方签字人就座于签字桌左侧。

（2）双方各有一名助签人，助签人应该分别站立于己方签字人的外侧，以便随时为签字人提供帮助。

（3）双方其他随行人员可以按照一定的顺序在己方签字人的正对面就座，也可以依照职位高低，依次自左至右（客方）或者自右至左（主方）排成一行，站立于己方签字人的身后。

（4）当一行站不下时，可以按照以上顺序并遵照“前高后低”的惯例，排成两行、三行或四行。

（5）原则上，双方随行人员人数大体上要相当。

2. 签署多边合同

（1）一般仅设一把签字椅，也可以每人一把椅子。

（2）各方签字人签字时，必须依照有关各方事先同意的先后顺序依次上前签字。

（3）助签人应该随签字人一同行动。在助签时，应该按照“右高左低”的规矩，助签人应该站立于签字人的左侧。

（4）其他人员，可以按照一定的序列，面对签字桌就座或站立。

实训检测

姓　名		完成时间		所属小组	
标准分值/分	考核项目		小组给分	教师给分	建　议
20	现场布置				
20	流程设计				
20	主持人水准				
20	助签人能力				
20	回答问题的水平				

实训总结

模　块	三	任务编号	3-3	任务名称	签字仪式	
实训课时	4	实训地点			指导教师	
实训学生						

- 我通过以下方式为项目工作做出了贡献：

- 在这个项目中，对我来说比较困难的事情有：

- 改变这种困难的状态我可以采取以下方法：

- 我需要做以下一些事情，使我们项目的工作更加高效：

职场故事——渐入佳境 3

经过几天紧张激烈的谈判，双方终于就合同的细节达成了一致。谈判成功，双方领导的心情都大好，一致同意安排一个简单又庄重的签字仪式。何雨竹随即带着余安妮与对方公司的秘书人员进行了沟通。

在去对方公司的途中，余安妮又有问题了："不就是在合同上签个字吗？还需要有仪式？"

何雨竹说："这次合作对双方公司来说都是比较重大的项目，而且你也看到了，谈判的过程还是很艰难的，所以双方领导都有意高调对外宣布这个成果。签字仪式看似比较简单，就是双方代表在合同上签个字，但是既然是仪式，就得考虑程序、安排座位、选择参加人员，在现场布置上也要比较正式。"

余安妮说："明白了，这次一定要让双方领导都满意，同时想办法上个新闻头条。"

签字仪式那天双方高层悉数到场，几家主流媒体也派记者前来采访。何雨竹特地安排落落大方的余安妮作助签人，余安妮一身藏青色的职业套裙，显得专业、干练。

仪式开始前，她们见到了对方公司的助签人秘书小方，没想到小方身着一件红色的旗袍，虽然看上去靓丽动人，但与环境颇不协调。对方刘副总见到小方，立刻低声斥责，"你是来干吗的？当礼仪迎宾吗？"

小方一下子窘在那里，有点不知所措。"正式场合不是要穿礼服吗？"她小声辩解。

刘副总并不理她，立即叫来身着职业套裙的秘书李玉，"你代替小方助签！"

仪式开始了，李副总和刘副总在大家的掌声中坐在签字台前，余安妮和李玉各站一边。因为是临时被拉上来的助签，李玉颇有点紧张，好在程序比较简单，在余安妮不动声色地提醒下，签字仪式顺利完成。

双方高层领导在闪光灯下合影的时候，李玉悄悄拉着余安妮的手说："谢谢您！"

任务四 企业公关工作

实训准备

模块	三	任务编号	3-4	任务名称	危机公关处理	
实训课时	4	实训地点			指导教师	
实训学生						
实训目的	1. 理解公关工作对企业发展的意义 2. 能够用正确的方式处理一般的危机公关事件					
提交资料	1. 针对本组案例的公关工作策划方案 2. 针对本组案例完成一篇内容为企业正面宣传的公众号推文					

实训案例

案例 1

张女士家的一台由本公司生产的电磁炉在使用时突然起火燃烧，张女士的手臂轻度烧伤，厨房中的微波炉和冰箱等均受到了不同程度的损坏。张女士立即向公司进行反映，要求赔偿。同时通过微博发出了受损照片，引起各大媒体的关注，网友纷纷转载。

公司售后服务的人赶到现场，发现是由于使用不当而导致燃烧事故。有关人员鉴定结论为，“燃烧的主要原因是张女士把电磁炉放在微波炉上使用引起的，电磁炉发动的原理是电磁感应，遇铁后引起加温，加之微波炉也是加热电器，便引发了起火”。但张女士认为在公司提供的电磁炉使用说明书中，没有不能将电磁炉放置在铁器或其他家电上使用的警示，并向媒体表示，如果得不到妥善处理，将通过法律途径解决此事。

董事长要求，要迅速处理此事，消除网上的负面影响。

案例 2

今年双十一的前两天，本公司的电商平台突然无法使用支付转账功能，订单无法完成。客服人员接到大量投诉电话，一时间网上议论纷纷，谣言四起。公司原定的打折促销计划一下子受到严重影响。

事件发生后，公司立即派人进行了调查，发现是因为总部所在地市政工程施工，地下光纤被挖断，造成公司服务器发生网络故障，当地运营商正在抢修，并承诺 5 个小时之后将恢复正常。

董事长要求，不能坐等网络恢复，公司各部门立即统一行动，尽快处理此事，给消费者一个明确的答复，并采取有效措施将损失降到最低。

实训任务

任务列表

1. 组长通过抽签的方式得到实训案例，一个小组任务为案例 1，另一个小组任务为案例 2。
2. 小组成员一起讨论，然后完成本组案例的公关工作方案。
3. 由组长在班上进行公关工作处理方式的汇报。

任务要求

1. 每个方案要紧紧围绕案例中涉及的危机事件，力求抓住问题的关键点。
2. 所提出的解决方法要符合实际情况，具有可行性，同时也要善于利用本次事件扩大公司的美誉度和知名度，把危机化为机遇。
3. 老师根据各小组汇报情况进行点评，分析各组方案的亮点和不足。

知识回顾

（一）企业公共关系基础

公共关系又名公众关系（简称公关），是指组织机构与公众环境之间的沟通与传播关系，是一个社会组织用传播手段使自己与公众之间形成双向交流，使双方达到相互了解和相互适应的管理活动。这个定义反映了公共关系是一种传播活动，也是一种管理职能。

1. 公共关系活动的 3 要素

公共关系活动的 3 个基本要素是“组织”“公众”和“传播”。任何公关关系活动都由这 3 个要素构成。

（1）公共关系活动的主体——组织（企业）。公共关系活动的主体，即公共关系活动的承担者、实施者、行为者。公共关系活动的主体实施公共关系活动的目的在于，建立和维护组织与公众之间的互利互惠关系，树立组织良好形象，从而促进组织的发展和壮大。公共关系活动是一种双向的行为，是一种组织行为，公共关系活动的结果也是由组织来接受的。个人行为不属于公共关系活动范畴。

（2）公共关系活动的客体——公众。公共关系活动的客体，即公共关系活动的对象。公共关系是一种关系，公共关系活动是由两个方面来维系的，一方是公共关系活动的主体——组织，另一方就是公共关系活动的客体——公众。

任何组织都有其特定的公众，他们是接受组织提供的服务或者购买组织生产的产品的人群。在公共关系活动中，组织主动与公众建立良好关系并尽力维护，公众则根据自己的意愿和喜好，对组织的政策和行为做出或积极响应或消极应对或激烈反对的回应，从而对公关主体产生压力或者助力，帮助公关主体进行自我完善和发展。

公众在公共关系活动中与组织的关系是相互作用的，他们并不是完全被动或被操纵的。组织做出的政策与行为，公众根据自己的意志和要求进行研判，而后接受、拒绝或者反对。在公共关系活动中，公众随时可以表达自己的意愿，并将自己的意愿转化为行动，巩固或解除与组织的主客体关系。

在公共关系活动中，组织的特定公众并不是一成不变的。随着组织的发展壮大，组织提供的产品和服务的升级换代，以及公众群体生活背景的改变，公众会分化、重组，不断变化。因此组织在策划或者进行公关活动时，必须首先认清公众，分析研究其特点，并根据公众的特点及变化趋势去制定和调整公关政策和行动，尽可能保留原有公众，发展新的公众。

（3）公共关系活动的手段和方式——传播。传播是指组织传播媒介向公众进行信息或观点的传递和交流。这是一个观念、知识或信息的共享过程，其目的是通过双向的交流和沟通，促进公共关系的主体和客体（组织和公众）之间的了解、好感和合作；其手段主要有人际传播、组织传播和大众传播等。公共关系活动 3 要素之间的关系如图 3-5 所示。

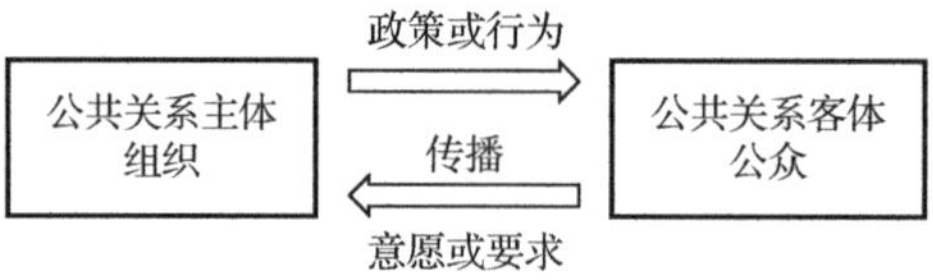

图 3-5　公共关系活动 3 要素之间的关系

2. 公共关系的功能

（1）塑造良好的企业形象。组织良好形象和声誉是其无形的宝贵财富。公共关系活动的根本目的是通过深入细致、持之以恒的具体工作塑造组织的良好形象和信誉，以取得公众理解、支持、信任，从而有利于组织推出新服务和新产品，有利于树立公众“消费信心”，有利于协调组织与公众的关系，对组织产生信任感，最终促进组织目标的实现。

在商品生产高度发达的当下，商品信誉是较低层次的，它只是部分公众或消费者在商品交换过程中形成的对生产者和经营者的信赖，是组织技术经营层面的综合反映。企业作为社会的一个单元，既可能给社会带来新的物质文明，也可能给社会带来危害和威胁。随着传媒产业的快速发展，信息的高度透明，公众对企业社会价值的评估标准发生了变化，“不但论行，而且品心”，评价范围由产品质量和服务扩大到企业生产经营和社会活动的各个方面，这使公众舆论对企业产生更大影响力。争取舆论支持，争取公众信任，成为企业生存发展的重要条件之一。

（2）搜集信息，为企业决策提供科学保证。在信息爆炸的时代，及时获取信息，是组织能够在社会、经营活动中趋利避害，不断发展的前提。美国管理学家西蒙说，“管理就是决策，而决策的前提正是信息”。现代企业把公共关系信息的获取划入企业规划中，成为企业活动不可缺少的组成部分。公共关系部门就是要利用各种渠道搜集与企业发展有关的一切信息，为企业决策科学化提供强有力的保证。

（3）协调纠纷，融洽企业与公众的关系。企业与公众的互动关系是企业为公众提供的有偿服务与商品，在这种购买关系中，企业与公众存在着具体利益的差别，在公共关系中必然会存在各种矛盾。企业在生产经营过程中，也难免会有因自身的过失、错误而与消费者发生冲撞的情况。事故一旦发生，必然导致消费者对企业的不满，企业要面对舆论的压力。如果对这种状况缺乏正确的认识，对问题处理不当，就会产生公关危机，严重者给企业、公众、社会都会带来极大的危害。

企业与公众的许多矛盾和摩擦都起源于误解和不了解，信息误读、信息迟滞、信息不透明是产生矛盾的主要原因。建立良好的公共关系机制，增加企业与公众之间的双向沟通，可以最大限度地减少这种情况的发生，更有甚者，还可通过公关手段将已经发生的信任危机降到最低限度，进而因势利导，让坏事变为好事。这种功能是公共关系所特有的，因此，公共关系也是社会文化的一部分。

（4）提高员工素质，优化社会环境。企业是社会的单元，公共关系活动中组织的成员与公众都属于社会群体的一部分，公共关系最主要的特征在于组织与公众的双向沟通上，这种横向联系，是社会上人与人、群体与群体之间的交往和相互作用，在相互的交往中实现共赢，共赢的结果是通过沟通社会信息、协调社会行为、净化社会风气来实现的。

公共关系活动对社会环境的优化还体现在优化社会心理环境方面：一是提高组织成员

的素质，组织在进行公共关系活动时，感受到了与客体之间的需要与被需要关系，在与客体的沟通中不断地调适自我，有助于提高他们的素质；二是提高社会成员的素质，企业通过扶贫救困，对各种正能量社会文化的支持，达成提高社会公众素质的目的。

3. 公共关系工作对秘书人员的要求

（1）要具备强烈的公关意识。秘书是企业的窗口，在企业的商业行为中，由于秘书的工作职责，经常与合作伙伴、消费人员及媒体工作人员发生各种工作联系，而这些人员对企业形象的认识，相当一部分是由对秘书的形象认识而延伸来的。因此，秘书人员在工作中应具备强烈的公关意识，并将其融入自己的形象与工作行为中，从而实现宣传企业的目的。

公关意识包括如下几个方面。

① 企业形象意识。秘书人员要从职业角度出发，认识到自己的言行不仅仅是个人的行为，还是企业形象的个人诠释。公众认识企业，不是通过名词解释和企业文字介绍得到的抽象认识，而是通过感受及自我生活经验的合成来形成结论的。因此，秘书人员在工作过程中，要将树立和维护良好的形象作为重要的战略目标，在思想上高度重视，在行动中贯彻落实。

② 尊重公众意识。企业公共关系要服从于公众的需要，这是企业能否生存的关键。企业形象塑造所追求的目标，就是公众的礼仪，因此，了解公众、顺应公众、服务公众，是企业重要的经营原则。在日常事务处理中，秘书人员应该牢记这一原则，才能承担起企业应有的社会责任，才能真正做好企业的公共关系工作。

③ 传播沟通意识。“桃李不言，下自成蹊”这种默默努力、自凭天命的做法，严重不适合现代企业发展壮大的需求，也不符合公众要求了解信息的知情需求。作为企业，要主动通过各种传播媒介和沟通方式与公众建立相互之间的理解、信任和好感，不放弃任何传播手段，并积极地创造传播机会去影响公众，引导公众，为企业发展创造“人和”的战略条件。

④ 诚信意识。做公关，要先做人。中国传统文化中的“己所不欲勿施于人”“推己及人”的思想都是公关人的宝贵精神财富。企业以追求盈利为目的，但是，这种利益的追求，必须是在服务于公众，符合社会道德原则的大前提下进行的。利用不正当手段得到的利益必将是暂时的，最终会为公众所抛弃。因此，秘书人员在处理公共关系时，必须秉承诚信意识，不瞒天过海，不搞欺诈，不为追求企业利益而损害公众权益，破坏社会道德准则。

⑤ 长远意识。企业公共关系工作不能率性而为，也不能突发奇想，必须是有计划、有目的、有过程的工作。企业必须通过完善的方案设计、高度的贯彻执行、延续的追踪反省，并不断地调整变通，才能做好公关活动，才能使企业全面地融入社会，实现公众与社会的全面的双向交流。

（2）要有系统的知识结构。成功的公关人员应该是一专多能的人才，在学习中必须能够杂学旁收。在公关活动过程中，公关人员要具备心理学知识、社会学知识、传播学知识、写作知识与谈判知识等，并且要将这些知识有效地运用到工作之中。作为企业公关工作中重要组成人员的秘书，也要努力学习公共关系中的基础理论及基本实务知识，并且不断地随着社会文化的发展变化给自己充电，能够在公关活动中游刃有余地处理好各种事务。

（3）要有实战型的能力架构。公关人员的工作性质，决定了他们不能纸上谈兵，而要能够冲锋陷阵。作为投身于公众关系，来到事务处理第一线的工作人员，公关人员必须具备如下能力。

① 人际交往能力。公共关系处理的主要是人与人之间的事务，维护的也主要是人与人之间的关系，因此，有效的人际交往是形成良好公共关系的基础。无法建立起良好的人际关系，就无法开展公关工作。

② 传播表达能力。公共关系活动是通过传播来进行的，公关主体的政策和行为，都需要通过媒体传达给公众。因此，准确生动的表达，是对公关人员的基本要求之一。

③ 组织协调能力。公关人员组织协调能力强，公共关系活动的推进就快，公共关系活动的效果就好，成绩就显著，否则，组织协调不力，公共关系活动无法开展，或者勉强开展后各个方面衔接不上，导致公共关系活动不仅不能为企业形象加分，还会成为企业形象的诟病所在。

④ 审美创新能力。公共关系依托社会文化，同时又推动社会文化建设；公关关系遵守社会道德原则，同时又维护和建设道德原则。公共关系对企业形象的塑造，都必须按照公众心目中的审美原则来进行。任何一个公共关系活动的策划都必须与时俱进，要富有创新意识，可以借鉴其他优秀案例，但不可以模仿抄袭，否则，不仅无利，反而有害。

（4）要有良好的心理素质。公关人员必须具有强大的心理素质，才能在公关危机前不慌乱，在诱惑前保持初心，在纷纭复杂的现象中坚定信念。根据公关工作的需要，公关人员需要具备如下心理素质。

① 坚强的意志力。公关人员在公共关系活动中，经常会遇到不可预测的情况，导致一些挫折、障碍出现，甚至有时需要面对生死、伤病等问题，但无论情况多么严重，公关人员都要冷静面对，控制自己的情绪和行为，理智地对待问题，能够在压力下进行缜密的思考，综合分析问题，达到解决问题的目的。

② 热情开放的心理特质。公关活动究其本质来说，是企业打开大门，接受公众监督，并且不断融入社会的过程，是一个打破组织壁垒，接纳外来元素的解放性变革。因此要求公关人员以开放的心理、热情的姿态投入到工作中来。

在公关工作过程中，会遇到各种不同的意见、看法，公众对企业的政策和行为会有不同的反应，不论面对的是如何强烈的反对，公关人员都应该热情面对，用平和的态度应对，秉着异中求同、相互协作、团结一致的态度，做好每件工作。

公共关系对公关人员的要求是全方位的，而且相当高。每一个从事公共关系工作的人员都应严格要求自己。对秘书人员而言，由于秘书位处企业对外工作的前沿，是外界看向企业的一扇窗户，因此，秘书人员要以公关人员的标准来衡量和鞭策自己，虽不专业从事公关工作，但应不逊色于公关人员，这是时代对秘书人员提出的要求。

（二）公关专题活动的组织

1. 庆典

庆典是各种庆祝典礼的统称，如组织成立、工程开工、纪念碑揭幕等，都属于庆典。气氛热烈、庄重大方的庆典，可以为主办单位塑造良好的形象，在公众中产生深远的影响。

秘书人员作为领导的助手、对外联系的代表，在这类活动中往往承担着设计、组织、礼宾的职责，对活动的成败起着非常重要的作用。

庆典活动的形式虽不复杂，但要办得丰富多彩，给公众留下深刻的印象却并不容易。它要求秘书人员具有较强的审美和协调沟通能力，并掌握组织庆典活动的规范化要求。

（1）举行庆典仪式，秘书人员要考虑的内容：

① 确定传播的主要信息；

② 选择适当的活动方式；

③ 拟定出席的嘉宾名单；

④ 安排庆典的仪式程序；

⑤ 做好各项接待事宜，穿插必要的助兴节目；

⑥ 安排座谈或者宴请；

⑦ 征求重要来宾的意见并留言等。

（2）具体操作程序：

a. 庆典活动前：

① 秘书人员拟定邀请出席典礼的宾客名单，包括政府有关部门负责人、社区负责人、新闻记者、业务往来单位的代表、员工代表，所拟名单经领导审定后，即可制成精美的请柬，并在庆典开始 72 小时前送到出席人手中；

② 拟定开幕式的程序表和接待事项，包括时间、地点、人员、内容等；

③ 选定致贺词宾客的人选，提出致贺词的要求，并事先通知对方做好准备；

④ 为组织领导拟好开幕词、答谢词；

⑤ 布置好场地，准备好音响、照明设备，放好主、宾方桌签。

b. 庆典活动中：

① 宾客来临后，要安排专人在会场入口处负责签到，签到簿应以红色封面的宣纸簿为宜，请宾客用签字笔或毛笔签字为宜。此外，若备有程序表或宣传册、纪念品可在此时分发给来宾；

② 宾客签到完毕后，应由接待人员引导至备有茶水、饮料的招待室，稍作休息，相互结识，对新闻记者应安排专人接待，并为他们的工作提供方便；

③ 庆典活动开始前 5 分钟，秘书人员应引导主宾进入会场，按指定位置安排就座或站立；

④ 开幕式开始，应严格按程序表的安排进行剪彩、致辞，无论是开幕词、贺词、答谢词都应言简意赅；

⑤ 安排助兴节目，如文艺演出、引导来宾参观、设宴招待等；

⑥ 利用留言簿、召开小型座谈会等方式，征求来宾意见，以利于今后工作的改进。

2. 开放参观

一个组织为了使公众更好地了解本组织的情况，经常要安排一些开放参观活动。

（1）组织公众前来参观的目的：

① 进一步扩大组织的知名度；

② 和谐社区关系，通过开放参观，表明本组织对社区公众不产生危害，赢得社区公众

的理解、支持；

③ 增强员工或家属的自豪感，许多大型企业会定期或不定期地组织这样的活动，以激发员工的工作热情或使其家属能全力支持员工的工作。

（2）邀请的参观者：

① 员工的家属；

② 新闻记者；

③ 学校的师生；

④ 社区公众；

⑤ 对组织有看法的特殊公众。

（3）开放参观的操作程序：

① 明确开放参观的目的。安排开放参观要有明确的目的，一次活动不应企求达到多个目标。因为只有目的明确、突出，才能使开放参观获得良好的效果。

② 准备一份简明、易懂的宣传册，这些宣传册宜在参观一开始时就分发给公众，使公众快速阅读后，对参观的内容有个大致的了解。

③ 专业性强、结构复杂、规模庞大、分布很广的组织应准备必要的视听材料或实物模型，以方便公众了解全貌。

④ 开放参观的时间，最好安排在一些特殊的时间，如庆祝周年纪念、工厂开工等。参观的时间不宜过长，以一天时间内完成为宜。

⑤ 安排专人引导公众沿事先安排好的路线参观，引导员要注意接待活动的礼仪规范。

⑥ 征求意见。在开放参观的出口处，设置公众留言簿，有条件的，最好请参观者座谈观后感，提出意见或建议，便于组织改进工作。

3．新闻发布会

新闻发布会是组织由专人以会议的形式向大众新闻媒体报告、宣传，希望社会各界人士了解企业相关信息，有利于形成对自身发展有利的社会舆论，是组织传播各类信息较好的形式之一。

新闻发布会是组织郑重地向大众新闻媒体发布信息，具有较高的规格和一定的规模。

（1）新闻发布会的准备工作。秘书人员如何控制会议以增强其实效？最好的办法便是组织者在开会前做好准备工作。开会前的准备工作主要包括以下 8 项。

① 设定新闻发布会目标。决定召开新闻发布会后的第一项最重要的准备工作，便是设定发布会目标。良好的发布会目标应符合 4 项要求：

- 发布会目标必须以书面形式表明。用书面形式写下目标：第一，有助于目标内涵澄清；第二，书面目标较不容易被遗忘；第三，当目标种类繁多时，以书面形式写下比较容易发现并调整各目标间的潜在矛盾；
- 发布会目标必须切合实际，即经过努力具有实现的可能性；
- 发布会目标必须具体而且可以衡量，含糊笼统的目标极难充作行动的指南；
- 发布会目标所表明的必须是以“应实现什么”，而非“应做什么”为本位。以组织者为本位的目标，远不如以成果为本位的目标那样有成效。例如，当发布会目标被定为“向员工宣传新的请假程序”时，可能只会照本宣科一番就草草了事，但若发布会被定为“令员工了解新的请假程序”，则不能不关心员工对新的请假程序是否已真正了解。

② 选择参会人员。发布会目标设定之后，紧接着便决定参会的人选，确认邀请新闻媒体的种类、数量及记者名单。原则上秘书人员只考虑邀请相关的新闻机构记者。

确定参会的新闻媒体是新闻发布会前期准备的一个重要环节。确定新闻媒体要考虑：

- 什么媒体——报纸、杂志、广播、电视，各种媒体都有自己的优势和劣势，在选择时要尽可能能发挥不同媒体的组合优势；
- 哪一级媒体——全国性媒体，还是省级、本地媒体，考虑发布内容的传播范围的大小；
- 哪一类媒体——综合性媒体，还是专业性媒体，要考虑发布会的主题。

确定邀请名单要考虑：

- 与本企业有长期良好的合作关系的；
- 与本企业有过接触，有初步印象的；
- 对本企业有误解，需要加深感情的；
- 与新闻发布会的主题有直接关系的；
- 名气大，通过合适的方式可以邀请到的。

③ 选择发布会时间。秘书人员在选择发布会时间时，首先，应该考虑的是本组织的时间，即能获取充分准备又能方便作息的时间。这种做法并不表示组织者以自我为中心，因为组织者既然是发布会成败所系的关键人物，在选择发布会时间时，自然应以适合自己的时间为优先考虑。这是一种实事求是的做法。其次，秘书人员也应该考虑方便参会者出席的时间。倘若既定参会者对发布会时间不满，从而不能参加则对发布会目标的实现，势必会产生不利影响。

④ 选择发布会地点。新闻发布会地点的选择，需要考虑下列 7 个条件：

- 场地必须有空档且可供使用；
- 场地必须够大以便容纳参会者及视听器材，一般认为平均每位参会者若能拥有 1.5 平方米的空间，才算理想；
- 必须拥有包括桌椅在内的适当家具，发布会时间越长，所使用的桌椅应越令参会者感到舒服；
- 必须拥有充足的照明及通风设备；
- 必须避免声音、电话、访客等干扰，以防参会者分心；
- 必须令组织者及参会者大致方便；
- 成本最好低廉。

以上 7 个条件中，前 4 个可视为任何发布会地点的必备条件，缺一不可，但后 3 个条件则往往因相互冲突而无法同时具备。

⑤ 拟定新闻发布会议程。顾名思义，议程即是发布会的程序表。议程所涵盖的除了足以实现发布会目标的各种议案，还包括参会者姓名、发布会时间及发布会地点等项目。

新闻发布会是一项隆重的活动，对社会的影响较大；要使其取得预期的效果，必须非常熟悉新闻发布会的程序。

新闻发布会的日程要安排得紧凑、有秩序。一般情况下组织者会给每位来宾一份日程表，参见模块二秘书的会务工作的范文一。

⑥ 新闻发布会邀请函的派发。一份良好的发布会邀请函，应包括下列 5 项：

- 开会的时间（包括日期及起止时间）；
- 开会地点，倘若开会地点并非与会者所熟悉的，应附上位置图及交通路线图；
- 发布会的目标；
- 参会者须事先准备的事项；
- 公司落款，如果邀请特别重要的嘉宾，也可以落公司最高领导人姓名，甚至是亲笔签名，以示重视。

一般的会议邀请函最好是在开会前一周寄到参会者手中，一周的时间足够参会者做好各种准备，除非是紧急会议，那另当别论。

⑦ 新闻发布会会场的布置。布置发布会场地，应考虑发布会的性质及参会人数的多少。座位编排与发布会成效的高低具有密切的关系。除了座位的安排，在布置场地时，秘书人员仍须注意以下方面：

- 会场一般都不准吸烟，因此不能在会场中放置烟灰缸，最好能在会场中张贴不准吸烟的标志或文字，当与会人数众多时，秘书人员可考虑按实际需要，专门安排吸烟区；
- 如参会者之间彼此并不熟悉，则应事先准备写有姓名的台签；
- 准备视听器材，黑板（白板）、电脑、投影仪或放映机，甚至同声翻译机等，但要特别注意的是电脑、投影机或放映机所投放出来的文字或图形，应让全部参会者都能看清楚，会前一定要调试好；
- 当议程很短且无须做记录时，可考虑采取站立的方式开会。

⑧ 开会前的最后审查。不论对发布会的规划有多详尽，不论对发布会的准备工作有多周全，仍须在开会前对会场做最后的审查，否则可能会功亏一篑。因此，在开会前的半个小时至一个小时，秘书人员最好是亲自或是派人到会场审视以下 4 件事是否做好：

- 座位是否按原计划编排；
- 视听器材是否准备妥当，如电脑是否连接，投影机的焦距是否已事先调整妥当，放映机焦距、音量等是否已调妥，麦克风的声音效果是否事先已调好，投影机或放映机是否已备妥额外的灯泡；
- 发布会有关的资料是否齐全，包括准备会中派发的资料、姓名卡片、纸张、铅笔等。

必要的时候，再致电参会者提醒他们开会的时间及地点。特别是在发布会通知已发出去很久的情况下，开会前的提醒，颇有实效。

（2）确定发布会的主持人和主要发言人。发布会主持人能起到把控主题范围、掌控发布会进程的重要作用。此外，在必要时主持人还承担着调节会场气氛的任务，因此，主持人应表现得较活跃，谈吐亲切、幽默。

主要发言人应透彻地掌握本组织的总体状况及各项方针政策；面对新闻记者的各种提问应保持头脑冷静、思维清晰、反应敏捷；此外，主要发言人还应具有很强的语言表达能力，措辞准确，语言精练、流畅。

（3）确认发言稿的内容、篇幅。

（4）有关资料准备。资料是新闻发布会的凭证，不同的组织，出于不同的目的，所需要发布的资料也不同。一般情况下，应提供以下两方面资料，一是提供一些能够系统地概括组织的运营状况、准确地反映组织的整体面貌的综合性材料，包括组织的历史和现状、经营范围、产品结构、市场分布、服务网络、经营理念、组织的企业文化等资料；二是用于解释说明新闻发布会主题的材料，如本次会议的宣传要点、组织的背景资料、有关单位或公众的反映信件，以及能说明问题的数据、术语、照片、图片、录音带、录像带及礼品等。

3. 注意事项

（1）新闻发布会的规模是由发布会内容决定的，媒体、记者数量要适中，并不是越多越好。如在“非典”时期，我国政府定期举行的新闻发布会，及时向社会发布有关消息。

（2）重要媒体的参与是发布会成功的关键，应当与主要媒体做好沟通工作，以确保其按时出席。

（3）新闻发布会是正式的活动，邀请记者的程序必须奉行“先公后私”的原则。

（4）不要以利益诱惑的方式吸引新闻记者或给记者特别承诺，这是公共关系工作职业道德和新闻宣传纪律的基本要求。

4. 记者招待会

记者招待会是组织与媒体记者进行的联谊、相互结识、联络感情的晚会或聚会，食品和饮料是秘书人员准备的重点，这种形式的专题活动不适宜谈论严肃的话题。因此，这种招待会应该在适当的时候，出于轻松和愉快的目的。

（三）危机公关的处理

危机公关就是通过系统、专业的手段，最大限度地预防危机的发生或在危机发生时同相关群体进行有效的沟通，从而减少和控制负面报道，保护组织的信誉和品牌形象。

1. 危机处理的原则、要素及要求

（1）危机处理的原则。

① 当危机发生时，应将公众的利益置于首位；

② 当危机发生时，局部利益要服从全局利益；

③ 当危机发生时，组织应立即成为第一消息来源，掌握对外发布信息的主动权。

（2）危机处理的要素。

① 态度——诚恳，如我们对所发生的一切深表关注（遗憾）。

② 行动——及时，如我们已经（将要）采取积极的行动。

③ 承诺——具体，如我们将……以防止这种事情的再度发生。

（3）危机处理的要求。

① 迅速反应，诚恳表态。俗话说“好事不出门，坏事传千里”，危机发生后，消息很快会不胫而走，如果耽误时间，只会扩大不良影响；

② 按照沟通策略主动同目标公众进行沟通，从而控制事态的扩大；

③ 将实质性动作、具体进展和成果不断告知公众，以稳定人心；

④ 充分利用新闻媒体，实施“整合传播”，引导和控制舆论局势。

⑤ 争取政府部门的支持，邀请公正、权威的机构或人士发表意见，以提高传播的公

信力；

⑥ 不要发布不准确的消息，不对危机的原因和结果做缺乏根据的猜测，严格按照统一的口径对外发布信息；

⑦ 法律是解决危机的最后手段，但是我们所使用的一切处理方法首先应该是合法的。

2. 危机管理的一般程序

危机管理一般分危机预防、危机处理、总结和形象重塑 3 个阶段。

（1）危机预防阶段。

① 建立灵敏的信息预警系统。为了预防危机的发生，防患于未然，组织应建立一个灵敏的预警系统和有效的社会信息反馈机制，监测社会环境的变化，对可引起危机的潜在因素做出分析预测，并随时准备把握危机中的机遇。

② 规范和完善组织内、外部沟通流程，建立有效的传播沟通渠道。

③ 对组织内部员工加强教育。一方面要进行危机教育，树立危机意识，对危机保持正确和积极的态度；另一方面要长期给员工灌输公众意识，使组织的行为尽量与公众的期望保持一致。

④ 组建危机管理小组并进行危机处理演练。组建危机管理小组，目的是解决问题而不是为了门面，因此，秘书人员应以尽量小的规模、尽量大的决策权力为组建原则。危机管理小组的一般组成：

- CEO（总经理），最终的决策人和新闻发言人；
- 财务长官，危机管理和决策与财务有关的处理办法；
- 相关部门经理，参与制定策略；
- 法律顾问，法律是解决危机的最后手段，而且不管什么方法首先一定是合法的；
- 人力资源经理，引导内部沟通和稳定员工情绪；
- 秘书人员（公关员）考虑危机事件对产品和销售的影响及沟通解决方法。

⑤ 做好危机管理计划。危机管理计划的组成：

- 导言或公司总裁函件；
- 部门主管对危机管理方案的确认；
- 危机管理小组的成员及相关资料；
- 对外联络的名单及资料（尤其是媒体公众）；
- 关于信息所有权的提示；
- 危机风险及潜在损害的评估；
- 行动步骤；
- 财务及法律事宜；
- 危机事件记录簿；
- 危机后的检讨。

⑥ 建立危机处理资源库，以便日后参考。

（2）危机处理阶段。危机事件一旦发生后，秘书人员应迅速会同相关职能部门，及时调查分析，准确界定危机事件的性质、类型和程度，并展开相应的工作。

① 果断采取措施，有效控制事态扩大。危机事件往往在意想不到的情况下发生，当危机发生时，组织应立即成为第一消息来源，掌握对外发布信息的主动权，且态度诚恳。

② 展开调查，收集信息。危机事件发生后，应及时组织人员展开调查工作，收集危机事件的综合信息，包括事件发生的时间、地点、原因、现状、人员伤亡情况、组织损失情况等，对危机事件的调查，一般主要采用座谈会、观察法、访谈法等方法。

③ 制定沟通策略，拟定危机处理书面方案。危机管理小组迅速反应，形成沟通策略并确定主要传播信息。危害特别严重的应由最高负责人直接指挥，在事件处理过程中不能随意更换负责处理工作的人员。在掌握事件全貌的基础上，统一对外发布信息的口径，写出具体的危机处理书面方案。

④ 确定新闻发言人。一般应由危机管理小组的组长担任首席发言人，负责对外公布真相；介绍组织处理危机事件的进展情况；接待记者采访，主动向新闻媒体提供真实、准确的消息。每次公布消息一定要有书面资料，数据力求准确无误，重要事项以书面形式提供，以避免报道失实，按时发布新闻，尽可能减轻公众电话询问的压力。

⑤ 迅速、扎实、全面开展工作，并安抚好受害者。根据危机管理小组制定的方针、对策，有条不紊地开展工作，认真了解受害者的情况，实事求是地承担责任，尽最大努力做好善后处理工作。

⑥ 建立 24 小时热线电话，安排训练有素的人员来回答新闻媒体和外部公众的询问。应派经验丰富、谨慎、耐心、富有同情心的工作人员去完成与受害者的沟通工作，避免在事故现场与受害者发生冲突。积极争取政府部门的支持。

（3）总结和形象重塑阶段。当事态得到有效控制后，应针对事件的原因和实际情况，认真做好评估，采取有效的整改措施，避免危机再现。并实事求是地、及时地把事件的真相和处理情况借助媒体对外公布，赢得广大公众的理解和支持。

“智者千虑，必有一失”，组织在运转过程中难免会遇到危机，危机并不可怕，关键在于如何正确处理。

危机事件大多是出乎意料的，其不确定因素较多，舆论压力很大，且时间紧迫，处理起来难度较大。因此，在处理危机事件时，秘书人员除了必须掌握公关危机处理的原则和技巧，关键还要具有公共关系意识，这样才能在实际处理危机事件的过程中，不拘泥于某个固定的模式，做到因事制宜、因时制宜。

实训检测

姓　　名		完成时间		所属小组	
标准分值/分	考核项目		小组给分	教师给分	建　　议
20	方案的针对性				
20	方案的合理性				
20	能否有助于解决问题				
20	能否能扩大企业的影响				
20	文字通顺，结构规范				

实训总结

模　块	三	任务编号	3-4	任务名称	危机公关处理	
实训课时	4	实训地点			指导教师	
实训学生						

- 我通过以下方式为项目工作做出了贡献：

- 在这个项目中，对我来说比较困难的事情有：

- 改变这种困难的状态我可以采取以下方法：

- 我需要做以下一些事情，使我们项目的工作更加高效：

职场故事——渐入佳境 4

阳光公司为了搜集消费者对产品的意见，特斥资在市中心华兴广场设立了体验店，在体验店投放公司最新产品，了解消费者的使用感觉。

余安妮今天被何雨竹安排到体验店巡视，吃过午餐后，余安妮顾不上午休，乘地铁到了体验店。在店里见到了新来实习的师妹朱槿。

体验店的装修风格非常具有现代气息，黑白背景、简洁的线条、明亮的灯光，营造出现代电子时代的酷炫气氛。体验店里的人很多，大多数都集中在最新产品 PX32 的展示台前，时不时地还能听到赞叹声。

余安妮扫了一眼，心里泛起微微的不安，展示柜前围着的人群中，有几个是穿着小学校服的，这些孩子在这里有点不妥当吧？于是，余安妮问朱槿，朱槿说：“不要紧的，一般到了上学时间他们就走了。现在是午休时间，小孩子不喜欢午睡也是正常的。”余安妮记得自己小学时中午入睡也是很困难的，不影响学习就好，她就没有再继续想下去，向朱槿询问起其他情况来。

忽然，展示柜那边传来一声惊叫，余安妮闻声看去，见一位妇女正拧着一个小学生的耳朵，满面怒气骂道："不吃饭，不午休，一天到晚就知道看手机。家里的砸了跑到店里看，看，看，看，看死你算了。"孩子疼得哭起来，余安妮赶忙走过去，说："这位妈妈，有话好好说，别吓着孩子。"孩子妈妈怒气冲冲地骂道："你们怎么回事，看到小朋友在这里玩手机也不管，为了卖产品，连良心都不顾了。发这种财，不怕天打雷劈吗!"边说边用力地推了一把余安妮，拉着小孩就走。结果余安妮没有站稳，身体撞到展示台，痛得直不起腰。台上摆的一个花瓶摇晃着掉了下来，正巧砸在小朋友的腿上，小朋友痛呼一声，腿上流出血来。

朱槿急忙上前，护住余安妮，斥道："有话好好说，为什么动手。打伤人你要负责。"孩子妈妈厉声回道："负责？我要向媒体举报你们，纵容未成年人沉溺电子产品，还弄伤孩子，你们先看看能不能负起这个责。"朱槿气得发抖，说："你这个人这么泼……"，那女人怒道："我泼？那我就泼给你看。"伸手就要横扫台面。余安妮急忙上前拦住，连声说："姐姐，姐姐，消消气，咱们先别争执，看孩子的伤要紧。"

孩子妈妈怒视朱槿一眼，低头察看孩子伤势，余安妮赶紧指挥朱槿拿出急救箱，从里面取出药品给孩子消毒、包扎，并提议带孩子去附近医院看看。孩子妈妈看孩子哭声不大，孩子说不太疼，就说算了，下午还是让他上学去吧。余安妮一直道歉，并同孩子妈妈互留了电话，让孩子妈妈有事情及时联系。小孩同妈妈离开了。

余安妮回公司后，向何雨竹汇报了这件事情。何雨竹要求她一定注意善后，要主动与孩子妈妈联系，追踪关注孩子伤势。余安妮以为事情就这样了，谁知道第二天她一上班，发现自己竟然上了热搜。有人在体验店拍了照片，并配以"谁之罪，纵容小学生沉溺电子产品，并同家长大打出手？"下面是一片责骂声。余安妮顿时感到浑身是嘴也说不清楚了。

"安妮，你要成网红了。

"安妮，快点发个微博，别让人胡说八道。

"安妮，究竟怎么回事情啊，你怎么会和人打起来？"

……

一瞬间，公司内、微信上、微博上纷纷有人询问余安妮。余安妮心里很烦躁，真想大声告诉大家不是这样的，但是想到了学校里学习的公关处理原则，还是忍下来没吭声，直接找何雨竹去了。

刚进办公室，何雨竹就说："安妮，你来得正好，公关部也询问了你的事，咱们一起过去。""好的!"安妮答应了，脑子迅速转动起来，将当日情形在脑中过了一遍，同何雨竹一起来到公关部。

公关部工作人员询问了当时发生的情况，特别着重问了当时安妮说了哪些话，做了什么事情，尤其对孩子的伤情是如何处理的，孩子妈妈临走时的情绪如何。余安妮按照记忆，力求还原状况，客观叙述当时的情形。就在这期间，舆情观察员反映，经过统计，本地热搜消息中，前10项已经有3项是关于这个事件的，且讨论热度还有扩大的趋势。公司领导要求公关部尽快处理。

公关部人员对余安妮说："这个事件，你掌握第一手资料，同时也是当事人，公司的第一个动作是要对外说明情况，恐怕得你出面了。”

“我？”余安妮问道，“我就一小秘书，现在事情已经闹这么大了，我去说明，怕没什么说服力吧，况且，我一点处理危机的经验都没有，我怕我说不到位。”

“别这么想，”何雨竹说，“你是公司的一员，是组织形象的建设者与维护者之一。你在体验店当时的反应就很不错，我相信你可以做好。不会只让你一人承担的，公司会系统地处理此问题的。你只要实话实说就好。当然，要充分使用你学习到的沟通技巧啊。”

“好的，那我就试试吧。”安妮答应了。

在同何雨竹返回行政部的路上，安妮回想这一切，禁不住叹了口气，道：“我怎么这么倒霉啊，偏偏让我遇到这个事情。”

何雨竹说：“看似偶然，其实必然，你当时是发现了问题，但没有及时正确处理，再加上当事人情绪激动，就导致了这次事件的发生。这对你是个教训，也是个学习的机会。现在看来，体验店管理我们是松懈了些，它在公司之外，发生意外事件的概率是大些。安妮，你是要跟着处理这个事件的，也可以趁机向公关部人员学习学习。结束后，写份体验店危机预案看看，就算检验你这一段的工作成果了。”

“啊？那好吧。”余安妮心里想，我多什么嘴啊。得，这又找上事儿了。不过，还得好好做。

第二天，余安妮就拿出了应对方案，何雨竹带着她和公关部同事一起协商后，首先约当地的电视台和报纸媒体记者来体验店采访。在采访时，余安妮简单陈述了当时的情况，并真诚地向家长表示歉意。何雨竹在接受采访时表示，针对体验店存在的问题，公司已经拿出了整改措施，也请媒体和公众继续监督和支持。当天当地的网络媒体也转发了相关消息，加上几位网络名人的几则正面推文，反而为体验店做了一次免费宣传。

模块四 会议组织与活动策划

任务一　会前策划

实训准备

模　　块	四	任务编号	4-1	任务名称	会前策划	
实训课时	4	实训地点			指导教师	
实训学生						
实训目的	1. 能够完成具可操作性的会议策划方案 2. 能够制作符合实际的会议预算 3. 能够根据会议的规模和档次，完成会场布置					
提交资料	1. 会议策划方案 2. 会议预算表 3. 会议通知及邀请函 4. 会场布置图					

实训案例

案例 1

经过一段时间的历练，余安妮进步很快，对会议工作的认识有了很大的提高，办会的经验也在逐步积累中。由中国企业联合会和中国企业家协会主办、阳光公司协办的“优秀企业成功经验高层研讨会”，一个月后将在阳光公司所在的城市举行，会期 4 天。会议将邀请美国××电气公司、韩国××电子、中国××集团公司的高层领导参加，同时也将邀请一些知名企业的董事长、总经理、高级管理人员及一些知名专家和学者出席，共同探讨“企业管理本质、新经济与企业战略”等企业共同关注的议题，参会代表还将分享企业文化与管理理念。

会议期间还将组织参会人员考察本市工业园区，了解××等公司的车间管理、工作管理、资本管理、资源管理、市场管理、文化管理、物流管理、领导行为管理、员工班级管理等经验。

经过前期的宣传和沟通，预计本次会议参会人数约 500 人。

案例 2

阳光集团下属的阳光教育技术股份有限公司（简称阳光教育）是智慧教育综合服务、

高端金融信息服务和综合数据服务三大领域的领军企业，以推动教育改革创新、促进教育回归人性本质为宗旨，致力于为高等教育、职业教育、基础教育、幼儿教育等各大教育领域提供集顶层设计、教育信息化、教学实训仿真模拟软件、现代教育装备、教学资源、创新增值服务于一体的智慧教育综合解决方案，以及向社会提供以职业技能培训为核心的O2O互联网教育服务。与此同时，阳光教育还为金融投资行业提供数据应用、金融研究与交易等综合解决方案。阳光教育成立于2000年，秉承“正诚爱”的企业文化，拥有一支3 000多人的高素质团队，战略合作伙伴遍布全球，已通过CMMI4级认证，是国家级高新技术企业、国家火炬计划重点高新技术企业、国家规划布局内重点软件企业，设有博士后创新实践基地，在全国各省市设立80多个分支机构，服务全球3 000余家客户。有不少政府领导都曾先后考察、指导过阳光教育并对其重点项目给予高度认可。

2020年，公司迎来了它的第二十个年头，各项事业取得长足进步。公司董事会深知公司的发展离不开全体员工的辛苦付出，也离不开广大客户的合作与支持。公司计划通过年会的形式与全体员工和部分客户一起分享2020年的成果，同时展望来年的辉煌。

经过前期的宣传和沟通，预计本次会议的参会人数约1 000人。

实训任务

任务列表

你所在公司承接了上述案例中的一个会，为了完成筹备工作，请将公司人员分成若干个小组，完成以下任务。

1. 以小组为单位进行会议策划，并完成会议策划方案。
2. 以小组为单位做出会议预算。
3. 以小组为单位寻找合适的会场，并完成所选会场的现场布置图。
4. 以小组为单位完成一份会议通知，并设计出会议嘉宾邀请函。

任务要求

1. 会议策划方案务必从本地实际情况出发，要具有可操作性。
2. 会议预算中涉及的宾馆、饭店、交通、物品、会场租金等项目均应从本地实际出发，力求做到真实可信，建议通过网络、电话等方式查找真实、可靠的信息。
3. 会场布置图应按照所选择的会场实际尺寸来绘制，手绘、机绘均可，但务必配上文字说明，注明各种设施及各区域的用途。
4. 会议通知格式、文字正确，内容完整；邀请函文字正确、特色鲜明。

知识回顾

（一）制定会议策划方案

会议策划是会议的总体构思和基本程序，是会议顺利进行和取得成效的保证。会议策划的内容涉及会议主题、内容、形式、日程安排、经费、准备工作等方面，这些内容逐一安排妥当将为会议的顺利召开奠定良好的基础。会议策划落实到文字上就是会议策划方案。

会议策划方案是会议安排的具体体现，其中应完整地提出会议基本构想和各项准备工作的情况，一些大中型会议的会议策划方案还需要经有关部门领导审查批准。

1．会议策划方案的内容

（1）会议概述。会议概述主要介绍会议召开的缘由、任务、意义、作用和影响，重点说明会议召开的必要性和可行性。

（2）会议主题。会议主题是会议内容的高度概括，能够让人对会议的目的、要点一目了然，从而留下深刻印象。

（3）会议形式。会议形式主要介绍会议召开、议事、形成决议的方式。

（4）会议日程安排。会议日程安排主要介绍会议召开的时间、流程及安排。

（5）会议经费来源及预算。会议经费来源及预算包括会议资金的筹措方式、金额、主要开支。

（6）会议的准备工作。会议的准备工作包括主办方、与会者会前应该做的准备工作。

（7）其他需要说明的事项。

2．会议策划方案的格式

（1）标题。会议策划方案的标题一般直接写明“××会议方案”或“××会议策划书”。

（2）正文。会议策划方案的正文一般分项罗列，分别说明会议的名称、任务、意义、形式、日程安排、经费、准备工作等各方面情况。如果是报送上级领导审批的会议方案，结尾处还应写上“以上方案，是否可行，请批示”等结尾用语。

（3）落款或签署。会议策划方案最后要写明具体的策划部门或策划人员，并注明成文日期。

3．会议策划方案的写作要求

（1）理由充分，意义明确。会议策划方案应该对会议召开的理由和意义进行充分的阐述，明确本次会议召开的必要性。

（2）条理清楚，计划周密。会议策划方案按照会议筹备的次序，分条款叙述，尽可能进行周密的计划，充分考虑各种可能发生的情况及应对措施。

（3）内容详细，要求具体。会议策划方案在介绍会议的程序、内容、形式、要求时，一定要清楚具体，不能模糊含混，否则会让人觉得会议计划不够完整，策划不够到位。

（二）确定会议的议程、日程和程序

会议策划方案获得通过以后，筹备者应进一步制定出会议的议程、日程和程序。会议的议程、日程和程序产生于会议之前，是对会议内容和时间的安排，但三者各有不同的作用。

1．会议议程

会议议程是对会议顺序的总体安排，主要涉及会议所讨论的具体事项和需要解决的问题。会议议程不仅能够规范会议的内容，而且能够控制会议过程，起着固定会议次序的作用。在安排会议议程时，应遵守以下两个原则。

（1）按照议案的轻重缓急编排处理的先后次序，紧要的事项应排在会议议程的前端处理，不紧要的事项则应排在会议议程的后端处理。这样做的一个好处是，就算在预定的会议时间内无法将全部议案处理完毕，但紧要的议案已被处理过，对那些不紧要的议案则可以另择时间处理，或是并入下次会议再进行处理。

（2）每一个议案应预估所需的处理时间并明白地标示出来，这样做可以节省与会者的时间，提高会议效率。

一般两个议题以上的会议议程要以书面的形式固定下来，以便更好地对会议进程进行控制。

「视频」会议日程

2. 会议日程

会议日程是对会议期间每天活动的具体安排，也可以看作会议的时间表，应该具体列出每天每个时间段会议的详细内容，以此控制会议的进程，如表 4-1 所示。会议日程表一般会在会议前发放到与会者手中，让他们根据会议的安排做好准备。会议日程不仅包括会议的主题活动，还包括会议的各项辅助活动，如聚餐、游览、参观、娱乐等。凡是会期一天以上的会议都要制定会议日程表。

表 4-1　×××会议日程表

日　期	时　间	内　容	地　点	负 责 人	备　注
×月×日（星期×）	上午 8:00～11:00	开幕式××同志作报告	大礼堂	张平	
	下午 14:00～18:00	分组讨论，××同志作报告	小会议室	徐江	
	晚上 19:00～21:00	主席团开会，代表看文艺演出	小会议室 ××剧院	徐江	
×月×日（星期×）	上午…	…	…	…	
	下午…	…	…	…	
	晚上…	…	…	…	
×月×日（星期×）	上午…	…	…	…	
	下午…	…	…	…	
	晚上…	…	…	…	

3. 会议程序

会议程序具体规定一次会议的详细步骤，它既可以让与会者了解会议的内容和讨论议题的顺序，同时又是会议主持人掌控会议节奏的依据，通常供主办方人士使用。会议应严格按照具体的程序和规定的时间一项项进行，如表 4-2 所示。

表 4-2　会议程序表

××公司销售会议程序	
时　间	内　容
14:00～14:30	来宾签到
14:30～14:45	开幕致辞

续表

时　间	内　容
4:45～15:25	网络安全解决方案培训 培训内容包括： 1. 网络安全技术及全系列相关产品 2. 基于 SSL VPN 的远程接入方案 3. 行业安全成功应用方案
15:25～15:35	茶歇
15:35～16:15	××企业移动解决方案培训 培训内容包括： 1. ××移动终端与企业网互联 2. 实现企业移动电子邮件
16:15～16:35	渠道策略与招募计划介绍
16:35～16:50	自由问答
16:50～17:00	抽奖活动
17:30	结束

（三）会议任务的分工

为了保证会议的顺利进行，必须对会务人员进行一定的分工，使会务人员既各负其责，又相互配合，共同完成会议的准备工作。小型会议一般只需要设立会务组，选派专人来进行会议的筹划、组织、安排、协调等工作；大中型会议，则要建立完善的会议组织机构，将各项工作任务细分到各小组，各小组在统一的指挥下分工合作，共同承担会务工作。

常见的会务小组有以下几种。

（1）秘书组。负责会议讲话稿、会议议程等资料的准备与制作，会后资料的汇集、归档工作，还有领导在会议期间交办的各种临时任务等。

（2）会务组。负责会议代表的编组、签到、代表资料审查、会议协调、会议进程的控制等。

（3）技术组。负责会场的布置，会议各种设备的安装、调试、维护和技术保障等工作。

（4）宣传组。负责对外联络沟通、宣传报道，新闻媒体的邀请和沟通，还负责会议的摄影、录音、录像等工作。

（5）后勤组。负责会议期间的后勤保障，包括代表的食宿、交通、娱乐安排，各种生活用品的供应，以及往返车票、船票或机票的预订工作。

（6）保卫组。负责会议现场的安全保卫工作，会议重要人物的保护及会议保密工作。另外，防火、防盗、防意外事故的任务也由保卫组负责。

（7）财务组。负责会议预算、会议经费的筹集、会议成本控制、会议决算等。

不同档次、规模的会议有不同的分组方法，但都要根据会务工作的内容来确定。

（四）完成会议预算

除了单位内部的一些例会，单位外部会议会产生一定的成本，事先做好会议预算是保证会议顺利进行的重要环节。会议预算应本着节约、精简、实用、周到的原则，严禁铺张浪费、滥发钱物、以会谋私。

1. 会议预算的项目

（1）交通费用。交通费用包括出发地与会议地之间的车旅费用、会议期间出行费用。

① 出发地与会议地之间的车旅费用包括航班、铁路、公路、客轮等车旅费，以及会议地车站、机场、码头与会议住宿地之间发生的交通费用。

② 会议期间的出行费用主要是指在会议召开地发生的交通费用，包括住宿地至会场、会场到餐饮地点、会场至商务交际场地、商务考察参观游览及参会人员其他可能出现的预定线路所产生的交通费用。

（2）会场费用。会场费用包括会场租金、会场设备的租赁费用、会场布置费用及其他支持费用。

① 会场租金。使用会场需要支付会场租金，通常而言，会场的租金已经包含了某些常用设施，如音响系统、桌椅、黑（白）板、油性笔、粉笔等，但有一些非常规设施不在其中，如临时性的装饰物、展览架等，如果需要则要另算租金。

② 会场设备的租赁费用。会场设备的租赁费用主要是指租赁一些特殊设备所产生的费用，如投影仪、移动式同声翻译系统、会场展示设备、多媒体设备、摄录设备等。这些会议设备由于品牌、产地及新旧不同，其租金也存在很大的差异。

③ 会场布置费用。一般的会议可能不需要专门的布置，但对于有特别布置要求的会场（如产品发布会、联谊活动、庆典活动等），则需要根据会议的主题进行专门的布置，由于布置的档次、内容、气氛各不相同，这笔费用一定要事先做出尽可能精确的预算。

（3）住宿费用。根据会议情况，住宿费用分由与会者全部自行承担、会议主办单位承担一部分、会议主办单位全部承担等形式。不管是哪种形式，会前一定要提前告知与会者。

（4）餐饮费用。根据会议的档次、规模、目的的不同，餐饮费用会有很大的区别。

早、中餐通常是自助餐的形式，晚餐常采取围桌式，费用按人数计算即可。由于用餐需要提前准备食材，预计就餐人数与实际就餐人数出入最好不超过 15%，以免人数过多用餐餐厅备餐不足，或者按预计人数收取费用，而实际就餐人数远小于预计人数，造成浪费。如果需要安排专门的宴会，则需要对菜单、用餐方式进行专门的设计，其费用也根据档次、内容的不同而有所不同。

除了三餐，餐饮费用还包括会场茶歇费用。会场茶歇费用一般是按人数计算的，如需要安排不同时段不同茶歇的食物、饮料组合，须再加上一定的服务费。

（5）宣传交际费用。宣传交际费用包括会议主办方与新闻媒体联系，现场录音、录像，以及与有关协作方交际等产生的费用。

（6）办公用品费用。办公用品费用包括购买纸张、文件袋、笔等产生的费用。

（7）会议纪念品。有些会议，主办方会为与会者准备纪念品，纪念品的选择既要与会议主题相关，同时又要体现本地的特点，费用一般不宜太高，但一定要有纪念意义。

（8）工作人员劳务费用。工作人员劳务费用是给参与会议组织和服务工作的人员相应的劳务报酬，一般根据会议的规模、级别、工作量，以及当地的工资标准来确定具体数额。

（9）各种临时费用。如卫生勤杂、临时采购、临时司乘、打印复印、临时运输、临时道具、传真通信、快递服务、临时翻译、礼仪司仪等产生的费用。

会议预算的费用项目除向有关部门领导汇报外，还应及时归档，以备会议过程中随时查阅及会后审计。有一些公开性的会议也可以通过吸引社会赞助来筹集资金，但要注意不要过分地强调其经济目的，否则就会改变会议本身的性质。

2. 会议预算的内容

会议预算应包括以下 5 个部分内容。

（1）会议的基本信息。会议的基本信息包括会议的主题、起止时间、地点、参加人员、人数、要求等。

（2）会议的目的和意义。会议预算应该清楚、简要地写明会议的目的和意义，以便为预算申请提供充分的理由。

（3）会议的主要费用项目。会议预算要尽可能全地列出会议的全部费用项目，重要项目不得遗漏，否则会给借款审批、会议报销带来很多的问题。

（4）每个项目的费用。会议主办方在做会议预算前要对有关情况进行认真的调查和比较，各项费用要尽可能地准确、具体，不能过高或过低。

（5）备用金。既然是预算就可能与实际情况存在出入，如有可能会产生一些临时性的费用，因此最好准备一定数量的备用金。备用金的具体数量可以根据会议的规模、档次、人员来确定。

（五）会场选择和布置

1. 会场的选择

（1）大小适中。会场的选择一定要大小适中。会场太大不仅会造成浪费，而且会让人觉得空旷、缺少气氛；会场太小，不仅拥挤，还会给人一种压抑的感觉。选择会场要根据会议的规模、档次、与会者的身份和数量，并结合会议内容来考虑。

（2）设施齐全。会场一定要有齐全的设施，除桌椅外，空调、音响、录像（音）设备、茶具、卫生设备也都是需要考虑的方面。为了保证停车便利，最好会场外有一定面积的停车场。

（3）保密性好。由于很多会议都具有一定的机密性，这就要求会场要有较好的保密性，如隔音效果应比较好、不宜有太大的窗户、人流量不宜大等。

（4）安全性强。会场的安全性包括政治安全和环境安全两个方面。政治安全是指要防止出现危及领导者或与会者的人为因素。环境安全是指会场无安全隐患、电器电路可靠、消防设施齐全、消防通道畅通。

（5）避开干扰。会场要尽量避开闹市区或噪声严重的工厂、集市、街道，要尽可能避免受外界的影响。一些重要会议还要注意避开新闻媒体的干扰。

（6）经济实用。会场要在保持会议效果的前提下，考虑经济实用的原则，要考虑租借费用是否超出成本、会场设施是否必要。

（7）符合规定。会场的选择要与会议的规模、主题相符，要符合国家关于端正会风、节约办会的规定，不能过于豪华、奢侈，不能铺张浪费。

2. 会场布置

安排会议座次的方法主要有以下 4 种。

（1）环绕式。所谓环绕式，就是不设立主席台，把座椅、沙发、茶几摆放在会场的四周，座次无具体、明显尊卑之分，与会者入场后自由就座。

（2）散座式。散座式排位常见于在室外举行的茶话会，座椅、沙发、茶几自由组合，貌似散乱无序，甚至可以由与会者根据个人要求而随意安置，其目的就是要营造出一种宽松、舒适、惬意的环境氛围。

（3）圆桌式。圆桌式排位是指在会场中摆放圆桌，请与会者围绕圆桌就座。圆桌式排位又分两种形式：一是当人数较少时，仅在会场中央安放一张大型的圆桌，全体与会者在其周围就座；二是当人数较多时，在会场中安放数张圆桌，请与会者自由组合，各自就座。

（4）主席式。主席式排位是指在会场中摆放一个主席台，按照常规，该主席台居于上座，如中央、前排、会标下或是面对正门之处。主持人、主人和主宾一起在主席台就座。

在举行正式会议时，通常应事先排定与会者，尤其是重要身份者的具体座次。越是重要的会议，其座次排定就越受社会各界的关注。对有关会场排座的礼仪规范，会务人员不但需要有所了解，而且必须认真遵守。在实际操办会议时，会议的规模各有不同，因此其具体的座次排定也会存在一定的差异。

实训检测

姓　名		完成时间		所属小组	
标准分值/分	考核项目		小组给分	教师给分	建　议
10	策划方案格式正确				
20	策划方案内容具体				
20	会议预算合理				
10	会议预算真实				
10	会场布置与实际会场一致				
10	会场布置有创意				
10	会议通知内容规范				
10	邀请函有特色、有创意				

实训总结

模　　块	四	任务编号	4-1	任务名称	会前策划	
实训课时	4	实训地点			指导教师	
实训学生						

● 我通过以下方式为项目工作做出了贡献：

● 在这个项目中，对我来说比较困难的事情有：

● 改变这种困难的状态我可以采取以下方法：

● 我需要做以下一些事情，使我们项目的工作更加高效：

职场故事—— 一波三折 1

这一天，余安妮把一份外单位的来文送到何雨竹的办公室，恰好何雨竹不在办公室，这时桌上的电话响了，她随手拿起电话。

"雨竹，你马上起草一份会议通知。"电话那一头是分管研发的副总周桐希的声音。

"不好意思，何主任现在暂时不在办公室，我是余安妮，有什么可以帮您的吗？"

"后天上午公司要召开一个部门经理会议，讨论公司新的营销方案，要求各部门正副职经理参加。各部门事先要做好相关准备，以多媒体的形式介绍本部门的创意和想法。会议很重要，要尽快在公司网络办公平台上把通知发布出去。"

"好的，我马上去办。"余安妮欣然接受任务。

听周副总的口气，事情比较紧急，所以她把会议时间安排在后天上午 8 点半，地点是公司小会议室，并很快在公司网络办公平台上发出了通知。

没想到没过 5 分钟，周桐希怒气冲冲地走进办公室，对着余安妮大发脾气："你这是干的什么事，安排时间、地点为什么不征求我的意见？为什么自己就把通知发了？公司小会议室能坐得下二三十人吗？你难道不知道小会议室没有投影设备？赶紧把通知给撤了！" 余安妮傻了，不是周副总让她安排会议的吗？

周桐希走后，余安妮一边伤心地抹着眼泪，一边从公司网络办公平台上撤掉了那份通知，从浏览记录上看已经有 5 个人看过通知了。何雨竹没一会回到办公室，她已经从周副总那里知道了情况。她把余安妮叫到办公室，余安妮的泪水还没干。

何雨竹也没多批评，只是告诉她："安排一次会议可不是件简单的事情，会前有很多准备工作，要把会议的程序、议题、人员、场所及其他一些细节认真地进行安排，更重要的是通知写好后，一定要走发文处理程序，交给我看过后，再送领导审批，审批通过后，才能进行具体的准备工作。"

余安妮回到自己办公桌前有点沮丧，自己其实是怕周副总着急，想把事情快点办好，没想到反而出了问题。

任务二　会中服务

实训准备

<table>
<tr><td>模　　块</td><td>四</td><td>任务编号</td><td>4-2</td><td>任务名称</td><td colspan="2">会中服务</td></tr>
<tr><td>实训课时</td><td>4</td><td>实训地点</td><td colspan="2"></td><td>指导教师</td><td></td></tr>
<tr><td>实训学生</td><td colspan="6"></td></tr>
<tr><td>实训目的</td><td colspan="6">掌握会议召开时，秘书人员需要完成的主要工作任务，训练会务服务的心态和技能</td></tr>
<tr><td>提交资料</td><td colspan="6">1. 会议主席台座次表
2. 会议开幕式视频</td></tr>
</table>

实训案例

（见本模块任务一）

实训任务

实训任务

两个公司根据本模块任务一的会议任务，继续完成会中的服务工作，并模拟举办两个会议的开幕式。

1. 根据实训案例的要求，提前确定好参加开幕式的嘉宾，并做好主席台座次表。
2. 在实训室或学校的会议室提前布置好会场。
3. 提前做好开幕式需要的背景 PPT 或视频。
4. 完成会议签到表的制作，并提前到会场做好签到工作。
5. 让同学扮演不同的角色，完成开幕式的主持、致开幕词、致贺词等任务。
6. 拍摄开幕式小视频，作为资料归档。

任务要求

1. 主席台座次表安排符合嘉宾身份及礼仪规范要求。
2. 开幕式现场的布置能够体现会议特点，并有一定的创新性，能够充分利用信息化手段来增强现场气氛和效果。

3. 开幕式程序完整、真实，不同角色的同学能够完成符合身份的发言。

4. 小视频画面清晰，重点突出，剪辑得当。

知识回顾

（一）制定会议接待方案

会议接待方案，是指安排参会人员的迎送、食宿、交通、游览、娱乐等接待活动及具体事务的方案。会议接待方案属于会议专题策划方案，既可以包含在会议策划方案中，又可以单独拟写，作为会议策划方案的附件。制定会议接待方案能够有效地保障会议接待工作的有序展开。

会议接待方案包括以下内容。

1. 接待对象

会议的接待对象种类众多，包括上级领导、政府官员、协办支持单位人员、特邀嘉宾、其他参会人员（正式和列席）及新闻媒体记者等，这些与会者有以政府代表团的名义来参会的，也有联合组团来参会的，还有以个人身份来参会的。因此，会议接待方案中一定要分门别类地写清楚具体的接待对象，同时，须简要说明为何接待，即接待的缘由、目的和意义。

2. 接待方针

接待方针即会议接待工作的总原则和指导思想。接待方针不是一成不变的，而是应当根据会议目标和会议主办方对接待工作的要求及主要参会对象的具体情况而定。一般情况下，会议接待工作应本着“热情诚恳、细致周到、照章办事、讲究礼仪”的 16 字方针来开展。

3. 接待规格

接待规格是依据主要来宾与主要陪同人员的职位高低情况来确定的，分为高规格接待、对等接待和低规格接待 3 种。

4. 接待内容和接待流程

接待内容包括接站、食宿安排、欢迎仪式、宴请、探望、翻译服务、参观游览、联欢娱乐、预订票务、返程送别等。具体的会议接待流程如表 4-3 所示。

表 4-3　会议接待流程

工作顺序	内　　容	责任部门
第一步：准备工作	了解参会人员的基本情况（姓名、性别、单位、职务/职称、民族、所乘车次或航班、到达时间、联系电话等）	接待组
	拟定接待方案（包括确定接待规格与标准、拟定用车、食宿、接待人员等）	会务组
	报审方案（经会务组审核，报与会议主办方最高主管领导审批后，落实接待方案等）	会务组

续表

工作顺序	内　　容	责任部门
第一步： 准备工作	会务组协调、控制；后勤组落实用车、就餐、住宿等事宜；宣传组落实欢迎词或电子屏幕的欢迎字幕，制作及摆放路牌、路标，拍照、录像及联系新闻媒体等事宜；秘书组落实欢迎词、祝酒词等接待文稿的撰写等	会务组 后勤组 宣传组 秘书组
	预告参与接待的领导及有关人员，做好召开座谈会或陪同就餐等准备	会务组
	根据事先与参会人员沟通的情况，为有需要的参会人员预订返程票	后勤组
第二步： 接待参会人员	接机或接站（制作好接站牌，到机场或火车站迎接参会人员，并将接机或接站动态及时告知有关领导）	接待组
	签到（接到一定数量的参会人员后，分批返回会议指定地点，若无特殊情况，先引导参会人员签到）	接待组 会务组
	安排食宿（包括会议期间的日常餐饮与宴会）	后勤组
第三步： 参会人员返程	赠送参会人员纪念品（必要时，提供具有会议主办方地域特色或本单位特色的纪念品，以起到宣传推广的作用）	宣传组
	送参会人员到机场或车站（将参会人员具体的离会时间告知有关领导）	后勤组 接待组
第四步： 善后工作	1. 报账 2. 保存参会人员有关资料 3. 保存接待安排有关资料 4. 年终统一整理，存档备查	财务组 秘书组

【视频】会议突发事件应对

（二）会议现场服务与管理

1. 会议签到

会议签到是为了及时、准确地统计到会人数，便于安排会议工作。有些会议只有人数达到一定的数量时才能召开，否则会议通过的决议无效，因此，会议签到是一项重要的会务工作。

（1）会议签到的方式。会议签到主要有簿式签到、证卡签到、会务工作人员代为签到、座次表签到、智能签到等方式。簿式签到其优点在于利于保存、方便查找；缺点是这种签到方式必须由参会人员逐一在签到簿上签字，只适合小型会议。证卡签到的优点在于方便，便于避免签到拥挤；缺点是不便于保存和查找。这种签到方式多用于大中型会议。会务人员代为签到比较简便易行，但要求会议工作人员必须认识参会人员，所以这种签到方式只适合小型会议和一些常规性会议。座次表签到是事先打印好会议人员的座次表，由参会人员在座次表中自己的座位处签字，优点是参会人员在签到时就知道了自己座位的位置，能起到引导的效果，缺点是每位参会人员都需要先查找自己的座次，耗时长。智能签到包括微信签到、二维码签到、电子签到等，快速、准确、简便，但对设备有一定的要求，一些大型会议都是采用智能签到。会议签到常用的表格，如表 4-4 和表 4-5 所示。

表 4-4 会议签到表

<table>
<tr><td colspan="2">时 间</td><td colspan="2"></td><td colspan="2">地 点</td><td colspan="2"></td></tr>
<tr><td colspan="2">主 持 人</td><td colspan="2"></td><td colspan="2">记 录 人</td><td colspan="2"></td></tr>
<tr><td colspan="8">会议主题:</td></tr>
<tr><td>序 号</td><td colspan="2">单 位（部门）</td><td colspan="2">姓 名</td><td colspan="2">职 务</td><td>电话（手机）</td></tr>
<tr><td></td><td colspan="2"></td><td colspan="2"></td><td colspan="2"></td><td></td></tr>
<tr><td></td><td colspan="2"></td><td colspan="2"></td><td colspan="2"></td><td></td></tr>
<tr><td></td><td colspan="2"></td><td colspan="2"></td><td colspan="2"></td><td></td></tr>
<tr><td></td><td colspan="2"></td><td colspan="2"></td><td colspan="2"></td><td></td></tr>
<tr><td></td><td colspan="2"></td><td colspan="2"></td><td colspan="2"></td><td></td></tr>
<tr><td></td><td colspan="2"></td><td colspan="2"></td><td colspan="2"></td><td></td></tr>
<tr><td></td><td colspan="2"></td><td colspan="2"></td><td colspan="2"></td><td></td></tr>
</table>

表 4-5 出席会议情况报告表

<table>
<tr><td>会议名称</td><td>召集单位及主持人</td><td colspan="2">应到人数/人</td><td colspan="2">实到人数/人</td><td>批 示</td></tr>
<tr><td></td><td></td><td colspan="2"></td><td colspan="2"></td><td rowspan="5"></td></tr>
<tr><td>会议时间</td><td>重要出席人员</td><td>列席人数/人</td><td colspan="2">缺席人数/人</td><td>请假人数/人</td></tr>
<tr><td></td><td rowspan="3"></td><td></td><td colspan="2"></td><td></td></tr>
<tr><td>会议地点</td><td colspan="4" rowspan="2">报告人:
年 月 日</td></tr>
<tr><td></td></tr>
</table>

（2）会议签到应注意的事项。

① 认真准备。会前会务人员要将签到的相关工具、设备准备好，如签到簿、签到卡、花名册、座次表、签到机等，且准备的数量要有一定的富余。除此之外，会务人员还须准备记事本、签字笔等必备文具。

② 有序组织。会务人员要事先安排好签到处，并提前在签到处等候。如果签到时需要同时发放会议文件，则应先将有关文件装袋，以免参会人员在签到时等候。

③ 及时统计汇报。统计到会人数是一项细致的工作，会议负责人往往会在开会前一两分钟向会务人员了解到会人数、缺席人数及其名单，这就需要会务人员以最快的速度统计并且不能出现差错。

④ 耐心服务。大型会议的签到工作比较烦琐，这就需要会务人员耐心细致、热情服务，不能因为签到人数众多而降低服务质量。对于持续时间较长的会议，与会者几乎每场会议、每次会议活动都要和负责签到的会务人员打交道，如果这些会务人员的服务到位，办事高效有序，能为整个会议增色不少。

2. 会场服务

（1）摄影、摄像服务。会议不仅要留有文字性记录资料，而且需要留有图片、声像资料，以备存档、留念，这就需要会议主办方提供摄影、摄像服务。

（2）计算机速记服务。计算机速记是使用计算机技术对语言、文字等中文信息实时速记并生成电子文本的速记方法。与传统的记录方式相比，计算机速记具有速度快、效率高、强度低等特点。

（3）翻译服务。随着我国国际化程度的大大提高，国际会议召开地越来越频繁，对翻译人员的要求也越来越高。会议主办方要注意选择外语水平高、专业能力强、服务意识好的翻译人员，同时还要让翻译人员事先熟悉会议的相关内容和要求，为会议的同声传译做好充分的准备。

（4）视听及其他硬件设备。会议的视听设备既可以是简单的支架或配套挂图，也可以是诸如双投影屏幕这种有一定技术含量的装置。随着计算机多媒体技术和数字化技术的发展，多媒体会议系统应运而生。多媒体会议系统能够在大屏幕显示计算机的图文信息和录像资料，以及需要讨论、演示的书籍、图纸、胶片、实物（通过视频演示仪）和电话会议图像、发言人图像、会议场景等。其所传播的信息来源不只是局限于会场内的，还包括互联网、远程电视电话系统、通信系统等。多媒体会议系统可以通过数字系统控制会议进程，通过表决系统收集与会者的反应，通过同声传译系统翻译等。

会场上除了必备的视听配套设施，还应准备打印机、复印机、传真机、电话（国际会议的会场应配备国际长途电话装置）、网络插口或无线网络路由器等。

3. 会间茶歇服务

（1）会间茶歇的安排。茶歇是为会间休息、调节气氛而设置的小型简易茶话会。对于中高档的会议，茶歇已经成为标准配置，需要会议工作人员重视茶歇的安排。

① 时间安排。一般一整天会议时安排两次茶歇，分别是在早餐和午餐之间、午餐和晚餐之间，其目的是让参会人员在会议中场休息时补充能量。

② 地点安排。茶歇地点的选择主要取决于参会人员的数量，参会人数少，可以安排在会场外的过道上；如果参会人数较多，需要安排靠近会场的几处角落或房间作为茶歇的场所。

③ 茶点安排。茶点一般有中式和西式两种，中式茶歇的饮品主要包括矿泉水、开水、绿茶、花茶、奶茶、果茶、罐装饮料等；点心主要包括各类中式糕点、饼干、袋装食品、水果、花式果盘等。西式茶歇又称为咖啡歇，其饮品一般包括咖啡、矿泉水、低度酒精饮料、罐装饮料、红茶、果茶、牛奶、果汁等；点心包括各类西式甜品、西式点心、水果、花式果盘等。

（2）会间茶歇服务的注意事项。茶歇服务需要非常细致，要求会议工作人员在茶歇预订时间前，将茶点、摆饰迅速摆放好，对各种热饮所需的杯子、勺子、盛放配料的糖罐、牛奶罐等都安置在便于取用的地方。如果会议持续几天，每次茶点的安排要尽量体现新意，这就要求会议工作人员在不同时段、不同日期安排不同的茶点。通常茶歇地点安排在会场附近一些不太显眼的空处，因此，对茶歇地点应有路标指示，并安排服务员引导与会人员至最近的茶歇处，以避免因寻找茶歇地点而浪费休息时间。

（三）发放会议文件

会议文件的发放是会议服务的一项最基本的工作，许多大型会议要发放的文件特别多，包括论文集、日程、参会须知、礼品和资料包等，这就要求会务工作人员了解发放会议文件的基本要求，及时、准确地把会议文件发放到与会者手中。

会议文件的发放主要有以下 3 种情况。

1. 会前发放

会前分发文件材料，可以在与会者注册、签到时发放，或者由会务工作人员在会场入口处分发给与会者；也可以在开会前，按要求在每位与会者的座位上摆放一份文件材料。

2. 会中发放

会中发放的文件材料一般是会中讨论、交流产生的文件，或者是会前不便发放的机密文件。会务组可以把工作人员分成小组，分别负责某种文件材料的发放和回收。

3. 凭票证自由领取

凭票证自由领取即在签到时发给与会者领取会议文件的票证，在整个会议期间与会者都可以凭票证随时领取他们的文件，这种方法比较普遍。一般来说，如果发放资料相同，则凭票证领取非常方便；如果发放资料不同，就要严格按会前准备的具有个性化的票证领取资料，其上要印有与会者的姓名和编号。与会者领取资料后，要求在票证上签字并将票证交于会务工作人员妥善保管，便于查询。

（四）做好会议记录

会议记录是记录会议现场情况和会议内容的文字材料，是会后研究工作、总结经验或编写会议纪要的重要依据，具有原始性和客观性的特点。重要会议都需要进行记录，并要妥善保管会议记录以备查考。对于一些法定会议，会议记录经发言者和会议领导人签字后，具有法律效力。

1. 会议记录的要求

会务人员在进行会议记录时要遵循以下要求。

（1）如实记录。会议记录应如实记录会议的议题、报告、决议、重要发言等，尤其是关键问题或有分歧的意见。会议记录要用速记的方法记录材料，会后应及时转化成规范的文字材料以备查考。

（2）归纳总结。撰写会议记录是一项需要培养和锻炼的能力，会务人员只有善于归纳和总结，才能更好地记录会议信息。

（3）内容完整。会议记录的内容要做到完整，应包括“标题”“议题”“散会”“结束”等字样。如果是重要会议，记录完毕后，需要负责记录的会务人员和主持人签字。需要注意的是会议记录应使用专用记事笔和记录纸，必要时应配有两名会务人员负责记录。

2. 会议记录的基本结构

会议记录一般由标题、基本情况、主体和记录人、审核人签字 4 个部分组成。

（1）标题。会议记录的标题比较简单，格式是“会议名称+记录”，如 “××公司××年××月××日第×次部门经理例会记录”。

（2）基本情况。基本情况即会议记录的开头部分，要分项完整地记录会议的有关情况，包括时间、地点、主持者、出席者、缺席者、列席者、记录者7要素。

（3）主体。主体是会议记录的核心内容，包括议题和发言记录。议题的记录要求会务人员在开会之前要有所了解，以便会前记录。发言记录要求详细，其方式有文字记录和录音设备记录两种，记录的内容主要包括主持人的引导语、领导的报告、参会人员的发言、会议结束语及现场情况（如争吵、鼓掌等）等。

（4）记录人、审核人签字。会议记录完成后，记录人和审核人要分别在落款处签名，然后交相关负责人审阅、签字后才可以归档保存。

范文 4-1

阳光股份有限公司董事会例会记录

会议时间：2020年4月14日上午10:00

会议地点：阳光大厦公司总部会议室

会议主持：高明（董事长）

出席人员：高明（董事长）、刘杰（副董事长）、马军（财务主管）、安慧（董事）、郭丽（董事）、代理投票人有王龙（董事）、李虎（董事）、钱清（董事）。

缺席人员：无

会议记录：白丽婷（秘书）

1. 秘书白丽婷宣读了2020年3月10日会议纪要，会议纪要在宣读后获得通过。

2. 财务主管欧阳军提出的一份财务报告显示，2020年3月31日公司的流动资金余额为2 576.98万元。财务主管的报告在宣读后获得通过。

3. 关于参加公益活动的报告。主管公司企化部的副总经理郭丽董事报告说，公司企业策划活动的下一个项目是为深圳红树木保护项目捐款10万元人民币，这项公益活动将有助于提高企业的知名度。计划在“五一”期间举行捐款仪式，向深圳有关部门捐款。关于此事全部细节情况的资料将于4月21号寄发给所有成员。

4. 其他活动。安慧董事提出在5月14日举行的下一次董事会例会上，公司董事会应任命一人负责公司职工艺术节（将于8月初举行），同时董事会还应在下次会议上为职工艺术节确定一个主题。此建议得到了郭丽董事的附议并获参会人员一致同意。

会议于上午11:50结束。

记录人：余安妮（签字）

主持人：高明（签字）

（五）会议餐饮、交通服务

1. 会议餐饮服务

（1）确定每餐的菜单。在确定菜单时，除了考虑预算因素，还应考虑以下几个方面。

① 菜肴的道数与分量。采用围桌式用餐，要重点考虑菜肴的道数和分量。确定道数与分量要注意3点：一是坚持适当原则，菜肴数量和口味都要恰到好处；二是根据用餐人数

确定；三是平衡道数与分量，道数少则每道菜的分量要多一些，道数多则每道菜的分量可适当少些。

② 品种多样化。准备的菜肴品种应多样化，要考虑荤素、咸甜、凉热、干稀等诸方面，烹饪方法也注意多样化。同时，每餐餐单应尽量不重复。

③ 具有地方特色。提供具有地方特色的菜肴不仅能体现会议主办方的热情，也可以给参会人员留下美好的印象，因此，会议主办方在确定菜单时，应安排一些具有地方特色的饮食，同时，向客人说明地方特色菜的特点、来源。

④ 具有时令特征。菜品的选择应考虑季节特征，采用当季食材做成的时令菜肴既能反映时令特色、给人新鲜的感觉，又能降低成本。同时，还应结合季节特征选择菜肴的口味，以迎合季节变化对人的视觉及味觉的影响。

⑤ 了解特殊用餐需求。参会人员来自五湖四海，国际性会议的参会人员则来自世界各地。会议主办方在确定菜单前，一定要了解参会人员的特殊需求，对参会人员的特殊需求进行登记并分类。在安排桌次时，将同类型的参会人员安排在一起，为其设计专门的菜单。

（2）酒水安排。会议用餐地点提供的酒水价格一般偏高，会议主办方如果希望降低用餐成本，可与用餐地点的餐饮部门商谈，自带酒水。不同参会人员对酒水的消费差别很大，如果餐饮费是从参会人员的会务费里列支，会议主办方在酒品的安排上就要考虑公平。公平起见，会议主办方可以从会务费里列出定量的普通酒水费用，当参会人员酒水消费超过一定额度时，其超出部分由参会人员自行承担。统一安排酒水时应注意时间与场合，一般早餐和午餐不提供酒水，只提供饮料；晚餐可为参会人员适当提供各种酒水。酒品的选择以有利于身体健康的啤酒、葡萄酒、中低度白酒为主。

（3）其他注意事项。

① 提前一两天向会议供餐机构告知用餐人数。会议供餐机构据此有针对性地准备食物，配备服务人员，避免出现备餐不足或过多等情况。因此，在签订会议供餐协议时，会要求会议主办方至少提前一两天告知供餐机构每次就餐的人数，并予以签单担保。

② 辨认进餐者身份。在参会人员众多，且参会人员在用餐问题上变数较多、差别较大的情况下，会议主办方可以通过发放餐券或餐卡的方式来辨认进餐者的身份。

③ 注意与会议供餐机构的随时沟通与协调。如果上午的会议议程没按计划进行，那么午餐会与预订的时间脱节（提前或推迟），这就要求会议主办方及时告知会议供餐机构，重新协调确认新的供餐时间。

④ 做好引导工作。如果集中用餐的参会人员较多，为了避免混乱，会议工作人员除了提前安排桌次和座次，还需要做好引导，从而使用餐者迅速、有序地找到自己的座位，并且不妨碍餐厅服务员的传菜、安排酒水等工作。

⑤ 考虑不能按时用餐的参会人员。对于那些因会议的原因不能按时用餐的参会人员，会议主办方应给予特别的餐饮照顾。

「视频」

会议餐饮服务之点菜技巧

2. 会议交通服务

会议交通服务

（1）会议用车的人员安排。

① 安排优秀的司机。会议期间，司机与参会人员接触较多，司机的驾驶水平和服务态度是会议交通服务质量的重要体现。因此，会议主办方在选择司机时除了考虑司机的专业水平，还要考虑司机的综合素质。

② 必要时安排随车人员。会前接待、会后欢送、临时集体性的会议外出活动（如参观、考察、游览、购物等）过程中的交通服务，单靠司机一个人是照顾不过来的，这就需要安排随车人员，除了完成接送、服务、陪同工作，在车辆行驶、停放时，也可以配合司机，让整个行程安全、紧致，让参会人员舒适、满意。

③ 提前对司机和随车人员进行培训。为了使会议交通服务更加精细、周到，会议主办方最好提前对司机和随车人员进行适当的培训。

（2）会议用车的车辆安排。

① 确定会议用车类型和数量。会议用车的类型和数量应根据参会人员的多少、级别等来确定，同时会议车辆的安排要严格遵循一定的规定，如根据国家规定，大轿车的配备按参会人员平均 40 人 1 辆计算，小轿车根据会议的规格和实际进行谨慎安排，既要保证会议用车，又要符合节俭原则。配备的车辆，应明确其类型、状况、容量等具体情况。在用车之前，应对所配车辆进行严格检查，确保其正常、安全。

② 会议租车。如果会议主办方自有车辆数量不够，可向外单位借或租用车辆、司机。

③ 合理配置会议用车。会议用车要做到合理配置，对每类车的用途、接载对象都要明确，能固定接载对象的尽可能予以固定，如固定某组乘坐×号大车、某几人乘坐 1 辆小轿车等，既可以防止主办方出差错，也方便参会人员。

（3）会议车辆的停放。

① 指挥车辆停放的原则。如果参会人数较多，或开会场所的停车场比较拥挤，会议主办方要安排专门的交通人员来指挥交通，以免产生拥堵。如果与会领导者的级别较高，或嘉宾中有知名公众人物，为维持交通秩序，还应请公安部门予以协助。一般而言，指挥车辆停放应坚持五先五后的原则，即先外宾，后内宾；先小车，后大车；先重点，后一般；先车队，后单车；先来停近，后来停远。

② 车辆停放的方式。根据不同情况指挥车辆停放，要因时因地制宜，根据不同情况，采取不同办法。指挥停车通常有以下 3 种情况。

a. 会场门前停车场地宽阔：可指挥车辆先进入停车场地停车，然后再让参会人员下车。

b. 会场门前停车场地狭窄：可指挥车辆先在会场门前停车，待参会人员下车后，再指挥车辆到指定地点停放。

c. 会场门前不便停车，但又须迎接领导、贵宾：应先在会场附近为领导、贵宾的车准备临时停车地，待领导、贵宾下车后，再指挥车辆到指定停车场停放。

③ 车辆停放排列的方式。根据停车场情况，车辆停放排列主要有以下 4 种方式。

a. 首尾相衔接，纵列依次停放。这种方式适用于车辆停放集中的大车队及领导、贵宾活动的小车队等。可以利用道路停车，能够保证车辆在散场时依次离开。

b. 齐头平列，单横排停放。这种方式适用于小型轿车集中来、分散走，或分散来、分散走的情况。场地条件允许应首先考虑采用这种方式，因为其不仅便于随时调车、保证与会人员分散退场，停车也安全、方便，便于集结和疏散。

c. 斜排停放，即车头向着去的方向斜排停放。适用于停车场地狭长，又紧靠建筑物的场合，或在道路两侧停放时采用。

d. 方阵停放，适用于集中来、集中去的大型会议。在车辆多、场地小或场地短而宽的情况下，常采用这种停放方式。

主要领导和贵宾的车辆应单排停放，其停放地与一般车辆的停放地分开。

实训检测

姓　名		完成时间		所属小组	
标准分值/分	考核项目		小组给分	教师给分	建　议
10	主席台座次表排位正确				
20	会场布置有特色、有新意				
10	会议背景 PPT 或视频画面符合会议特点				
20	会场井然有序、程序设计科学、进程顺利				
20	主持词、开幕词语言规范、符合会议现场气氛				
20	视频画面清晰、重点突出、剪辑得当				

实训总结

模　块	四	任务编号	4-2	任务名称	会中服务	
实训课时	4	实训地点			指导教师	
实训学生						

● 我通过以下方式为项目工作做出了贡献：

● 在这个项目中，对我来说比较困难的事情有：

● 改变这种困难的状态我可以采取以下方法：

● 我需要做以下一些事情，使我们项目的工作更加高效：

职场故事—— 一波三折 2

公司的一个产品在一次全国的比赛中获奖，行政部总监李洛寒决定让何雨竹带余安妮到S市去参加颁奖及交流大会。他们看到会议通知上的会议时间是5月31日—6月3日，于是5月30日赶到S市。当到达会议指定酒店——一个部队招待所时，发现并没有人接待。于是，他们打电话询问，主办方说："明天才报到，你们今天怎么就来了？"可会议通知中并未明确报到时间。无奈，他们只得自己登记住进了酒店。第二天，其他参会人员陆续到达，结果只有主办方的三名员工在前厅进行住宿登记，他们一人收会费，但只能开收据，说等领导来后再换正式发票；一人收住宿费，但酒店当时已没有空房间，要等到会务组负责人和酒店协商后解决；一人收餐费，但要早、中、晚餐一顿一顿分别计算，如果哪顿不在酒店用餐可以不交费。由于餐费计算烦琐，速度缓慢，而且舟车劳顿的参会人员订不到房间，没有地方休息和存放行李，争吵声不断，报到处一片混乱。

在电话的催促下，会务组主要负责人终于露面了。他首先向大家表示歉意，并解释说："房间本来是按参会人数预留好的，可该酒店是部队的招待所，某部队首长一行人突然到这里出差，我们只能将房间让出。请大家耐心等待，我们再去和酒店商量，一定为大家安排好。"直到当晚21时35分，该负责人才通知大家，酒店将办公室进行了改造，会议报到处也将房间腾了出来，供参会人员使用。参会人员这才根据安排分别到自己的房间去休息。到了房间却发现，房间里只有床垫，没有铺盖。但大家早已筋疲力尽，虽然怨气冲天，也没有力气再和主办方理论，只能委屈就寝了。

5月31日上午8时30分，会议准时开始。各位代表刚刚坐下，会务人员就过来通知，请大家马上下楼，几个领导已经在楼下等候大家合影了。代表们一片哗然，纷纷质问为什么不事先安排好。等到下楼合影时，大家脸上已经没有什么好表情了。

上午的开幕式由××办公室的石主任主持。他首先宣布会议议程。当读到第三项时，他卡壳了，说道："这写的是什么？抱歉啦，这是秘书写的，我没提前看，一会儿他来了，问问再说。"然后又接着宣读后续的项目。

6月1日的会议开得还算顺利，参会人员分别发言并介绍经验。主持人宣布，6月2日14时，参会人员进行交流，并确定了重点发言人。14时整，参会人员相继来到会议室，可左等右等，主办方人员都没到。直到40分钟以后，石主任才来告诉大家："这个会议室有其他用处，我们换到另一个会议室讨论。"于是大家又花了20分钟来换会议室。

会议的最后一项，是主办方领导为优秀产品获奖单位颁发证书。石主任分别宣读了获奖者和颁发者名单。于是大家一起走上了主席台，而几十个证书都堆在石主任的手中，结果是颁奖者无用武之地，获奖者在主席台上翻找自己的证书。找到之后，纷纷退下台去，离开主席台时嘴里还抱怨着："这也叫颁奖？！"

令参会人员不快的事接连不断，一直持续到会议结束。主办方为了弥补不足，承诺：会议期间的餐费由主办方承担，交了餐费的参会人员可以在最后和招待所结账时退款。而且，每次用餐时石主任都强调，这是"我们"花钱招待大家，一定要吃好。可到了最后结账时，招待所不能退餐费，让参会人员找主办方去退；而主办方的人在6月3日参会人员离开时，则没再出现。参会人员打电话交涉时，他们让参会人员找招待所解决。退费问题就这样被推来推去。返程的车票已订好，无奈之下，他们只好忍气返回。

在返程过程中，余安妮感慨道：“我原以为全国会议一定很高大上呢，想不到他们把会办成这样。”何雨竹若有所思：“你觉得从中可以汲取什么教训？你不妨把这次会议出现的问题列出来，为今后的工作警示。”

任务三 会后安排

实训准备

模 块	四	项目编号	4-3	任务名称	会后安排	
实训课时	4	实训地点			指导教师	
实训学生						
实训目的	1. 让学生形成会议结束秘书工作也没有结束的观念 2. 掌握会议结束阶段的主要工作任务 3. 能够科学地对会议进行评估					
提交资料	1. 会议纪要 2. 会议新闻稿 3. 会议评估分析报告					

实训案例

快下班了，余安妮开始整理今天的文件，并把明天几项工作需要的文件找出来。

李洛寒走进办公室，径直来到余安妮桌前。他把手中的资料“啪”一声摔在余安妮面前：“这是你写的‘会议纪要’？”

余安妮吓得一哆嗦，拿过来一看，正是自己昨天交上去的那份会议纪要。

“这个，怎么了？”她站起来，不知所措地望着李洛寒。

李洛寒也觉得自己的声音有点大，他看了看周围，压低声音：“把我标红的部分重新写！”说罢转身离开了。

余安妮翻开会议纪要，自己在写的时候，把“会议记录”中的很多内容照搬过来了，这些内容都被李总监标出来了，如几位老总讨论广告部经理人选的原话等。

何雨竹走过来：“出什么事了？”余安妮委屈地把会议纪要递给她。

何雨竹看过这份会议纪要也不由吸了一口冷气，昨天自己正好外出办事，就让余安妮去做会议记录，写好的会议纪要也没来得及看，想不到就出问题了。

“这个，很严重吗？”余安妮其实还没想明白问题出在哪里。

“你知道会议纪要是干什么用的吗？”何雨竹问。

“不就是记录会议情况的吗？”余安妮仍然很疑惑。

“会议纪要是根据会议记录和会议文件等材料加工整理而成的，是概括反映会议基本情况和精神的，是对会议的重要内容、决定事项的整理综合、摘要。这份会议纪要相当于董事会讨论的近期工作要点，要下发给各部门。会议纪要不是会议记录，不能把会议上的所有事情，特别是领导讨论过程中的一些发言写进去。你看最近公司广告部负责人的事一直没定下来，你把几位领导的发言内容都放在会议纪要里，这一旦发下去会给公司带来多大的麻烦。还有年终奖金的分配方案，现在只是一个提议，都没有确定下来，你居然也写进去了。这让员工知道了，会让公司领导非常被动。”何雨竹的口气也很严肃。

这个时候，余安妮才意识到问题的严重性，她打开电脑，在电脑桌面上找到会议纪要的原稿。

何雨竹在一旁提醒她：“这么重要的文件，你就放在电脑桌面？如果有人临时借用你的电脑怎么办？”

余安妮吐了一下舌头，马上在E盘建了一个名为“董事会会议文件”的文件夹，把“会议纪要”文件剪切了过去。

下班时间已经过了，但余安妮仍然在修改那份会议纪要，那股不认输的劲催促她一定要在今天把文件改好。

实训任务

任务列表

根据案例及你公司实际办会的情况：

1. 完成会议纪要的撰写，并讨论本案例余安妮出现的主要问题。
2. 完成会议新闻稿的撰写。
3. 做好会后的评估工作，并完成会议评估报告。
4. 开好会后的总结会，分析本次会议组织工作的得失。
5. 做好会议文件的收集、整理和归档工作。

任务要求

1. 根据实训案例讨论，会议纪要应如何撰写，要注意哪些问题。
2. 根据会议内容完成本次会议会议纪要的撰写，要求格式规范、内容充实、语言简洁。
3. 会议新闻稿要求格式规范、内容全面具体、具有可读性，如果有条件可利用微信公众号等发布相关新闻。
4. 通过问卷或访谈等方式收集对本次会议组织工作的意见和建议，最后形成的评估报告应对本次会议的经验或教训都做出必要的分析，客观公正地对本次会议进行评价。

知识回顾

（一）参会人员离场

1. 引导与会者退场

大中型会议都需要会务人员引导与会者有秩序地退场。首先，会务人员应打开会议厅（会议室）的所有出口门，避免离场时出现拥挤现象。其次，会务人员应该先引导主席台或第一排的领导离开会场。如果会场有较多的退场通道，与会领导和其他人员可以各行其道，同时退场。

有些大型会议，如大型的学术报告会、大型的群众集会等，一是因为会场大、人数多，二是有时会有妇女、儿童、老人参加，散会时很容易造成拥挤和混乱，容易发生伤亡事故。因此，会务人员一定要增强责任意识，加强对离场人员的引导工作，避免发生安全事故。某些领导人因身体状况等原因，有时无法先行离会，这时，会议主持人或会务人员就要打破陈规，安排其他参会人员先行离开。

2. 引导车辆驶离

大型会议的车辆较多，散会时，会务人员要引导各类车辆安全地驶离会议停车场。为了使会议车辆的离场工作简便易行，会前会务人员应做好车辆泊位安排，尤其是对使用车辆或与会人员自驾车辆较多的会议（在当地开会多出现此种情况），更应该做好车辆安排工作，提前划分好停车区，如将停车区划分为大型车辆、领导专车、与会人员自驾车辆 3 个停放区域，做到车辆分区停放。通常将领导车辆停车区安排在容易出车的位置。离场时，让领导的专车先行离开，其他车辆再按顺序离开。

（二）离会服务工作

从与会者报到至与会者离开，会议的主办方要做好一系列服务，哪个环节不周到都会影响会议的质量，影响与会者对主办方的印象。有些会议主办方只注重会前准备和会中的服务，而忽略离会服务，会给人虎头蛇尾的感觉。因此，会议工作人员必须注意离会服务工作，尤其是有外地人员参加的大中型会议，做好会议的离会服务工作尤为重要。

温馨提示

离会服务工作的内容

1. 及时和与会者清理结算账目。
2. 提醒与会者归还借用的文件、物品，不要遗忘自己的物品。
3. 为与会者预订并提前发放飞机票、车票、船票。
4. 了解自驾车辆人员的返回日程、路线及车辆油耗等情况。
5. 安排送行车辆，将外地与会者送至机场、车站或港口。
6. 请示领导后，为与会者解决相关问题。
7. 安排好暂留与会者的住宿及膳食等工作。

（三）会场清理与会费结算

1. 会场清理

（1）清理会场用具。会场用具的清理有两种情况，如果会议是在本单位的会议室召开的，会务人员只将会标、桌牌等针对本次会议的相关资料撤走，把会议室恢复原状即可。如果是在外租赁会议室和设备召开的会议，清理工作就复杂许多。第一，还清借用、租用的设备，如果因特殊原因不能及时归还，应将其归库，并派专人保管。第二，撤走会场的临时性布置，包括会标、彩旗、绿植等。第三，清点会议用品、用具，能再次使用的要归库管理；一次性用具要进行销毁；并将会场中搬动过的桌椅恢复原样，将地面、门窗清扫或擦洗干净。第四，撤走会场外的会议标志，如通知牌、方向标；通知配电人员切断会场不再使用的电源，并通知相关服务人员关闭会场。

（2）清理会议文件。在会议准备阶段，要将一些会议文件放置在与会者的桌子上，这些文件，有些是让参会人员带走的，还有一些讨论稿、机密文稿等是要清退的，会务人员要及时清理收回相关文件，需要保存的保存好，需要销毁的按销毁制度进行销毁。

2. 会费结算

这里的会费结算包括两项内容，一是会务人员与宾馆、酒店结算各项会议费用；二是会务组向单位财务部门的报销、结账。

有外地与会者参加的大中型会议，一般需要租赁会场和设备。会议结束后，会务人员应及时与会场出租方结清会议的各项费用，主要包括会议室租借费、设备使用费及开会期间的其他相关费用。如果是由会议组织方承担全部费用的会议，会务人员还要及时和宾馆、酒店结清餐费、住宿费等，开具好发票，以便进行财务结算。需要注意的是，住宿费不包括房间内的长途话费、客房酒吧及其他服务签单等产生的费用。会议组织方所收取的费用一般也不包括这些额外费用。所以，会务人员可以事先向宾馆、酒店及与会人员交代清楚。

会议召开前，会务人员已经制定了会议经费预算。预算经领导审批后，会务人员就可以预支会议经费。会议结束后，按照会议预算，进行财务结算。一切会议都应该遵循勤俭节约的原则，在保证会议正常进行的前提下精打细算，尽量减少不必要的开支。所以，如果实际费用超出了预算费用，要充分说明理由。

（四）会议文件的清退与处理

1. 会议文件的清退

会议文件的清退是指会议结束后，对一些内部文件、机密文件、重要文件按照《文件清退单》或《文件清退目录》及时清理回收。这就要求会务人员在发放文件时要附上《文件清退单》，大型会议要附上《文件清退目录》，要求与会者在使用完会议文件后，及时归还。一般来讲，机密文件要在会议结束前收回，不许与会者带出会场；其他的重要文件要在规定的时间内清退。会务人员要做好文件清退的催办和回收工作，及时清退文件，以免泄密或耽误会议文件的整理立卷。

2. 会议文件的处理

（1）会议文字记录的整理。一些资深秘书人员具有丰富的经验，他们所做的会议记录多不需要整理，可以直接送审、存档。但是一些经验不足的秘书人员的会议记录，只按原话照搬，或有漏记、错记现象，就需要会后进行修改和补充；如果是作为下发文件，或作为新闻报道用的领导人的报告、讲话，或是重要与会者的报告、讲话，也需要进行专门的整理。

（2）会议录音的整理。会议录音整理工作，就是会务人员根据所录音频的中心思想，删除不必要的内容，补充和修正不足、不恰当及没有录进去的内容，使整理稿成为中心明确、条理清晰、文字通顺、内容连贯的书面材料。

整理会议录音，既要借鉴整理会议文字记录的方法技巧，又要注意录音形式的特点。

（3）印发会议纪要。日常工作会议后，会务工作人员应该印发会议纪要和已决定办理事项的通知，以便相关部门参照执行，同时也方便日后查找。

温馨提示

印发会议纪要工作程序

1. 整理、完善会议记录。
2. 起草、撰写会议纪要。
3. 确定印发范围。
4. 领导签字。
5. 打印成文、印制分发。
6. 归档保存。

（4）发布会议消息，印发会议简报。大型会议信息的发布一般分阶段进行：会议召开初期，发布会议开幕及参加者的消息；会议过程中，发布领导人的讲话内容及会议决定事项消息；会后，发布大会闭幕的消息。而一般小型会议，只在会后发布消息，报告会议的召开过程及主要内容。一些重要会议都要邀请新闻记者到场，此时，会议的消息是由新闻记者来发布的；而当记者不到场或到场不及时时，有些新闻媒体会要求会议组织者提供会议消息。当然，不论媒体人员是否到场，会务人员都要在自己的内部网络上发布会议消息，并把重要的会议消息提供给相关新闻媒体进行报道。

（五）会议评估与总结

1. 会议评估

一次会议议程的结束并不意味着会议组织管理工作的结束，会议的评估与总结也是会议管理的重要环节，关系会议组织者的会议管理水平能否不断提高。没有一个会议的组织工作是完美的，只有不断总结，才能不断提高。

会议评估是对会议从筹备到结束全过程的评估，因为会议的任何一个环节都关乎会议的成功与否。

（1）会前效果评估。对会前筹备情况的评估，应主要考虑以下因素。

① 会议目标是否明确。

② 会议议题的数量是否得当（太多或太少）。

③ 会议议程是否合理、完备。

④ 每项议题的时间分配是否准确、合理。

⑤ 与会者人选、与会者人数是否得当。

⑥ 会议召开的时间、地点是否得当。

⑦ 会场指引标志是否明确。

⑧ 通知开会的时间是否得当。

⑨ 会议通知的内容是否周详。

⑩ 会议场地的选择是否得当。

⑪ 会议设备是否完备。

⑫ 与会者是否做了充分准备。

⑬ 与会者的会前情绪如何。

⑭ 会议的住宿、餐饮是否安排妥当。

（2）会中效果评估。对会议过程中的各环节评估，应主要考虑以下因素。

① 会议接待工作如何。

② 会议是否准时开始。

③ 会务人员是否准时到会。

④ 是否有会务人员在做记录。

⑤ 会场自然环境如何，是否存在外界干扰。

⑥ 会场的人文环境如何，与会者之间是否有交头接耳的现象。

⑦ 主持人是否紧扣会议议题进行主持（是否离题）。

⑧ 会议发言机会是否由少数人垄断。

⑨ 与会者的发言及讨论是否紧扣议题（是否离题）。

⑩ 是否有没必要留在会场的与会者留在现场。

⑪ 与会者是否能表明真正的感受或意见。

⑫ 与会者之间是否有争论不休的现象。

⑬ 与会者是否与会议主持人有争论，情况如何。

⑭ 视听设备是否正常（是否发生故障）。

⑮ 与会者是否专心于会议。

⑯ 会场气氛是否热烈。

⑰ 会议决策是否正确（是否符合实际，是否有偏颇之处）。

⑱ 会议议程是否按预定时间完成（会议是否按预定时间结束）。

⑲ 主持人是否总结会议的成果。

⑳ 会议的欢迎宴会、欢送宴会是否得当。

㉑ 参观、访问、游览活动安排的舒适性、安全性如何。

㉒ 其他因素。

（3）会后效果评估。会议议程结束后还有一系列的工作要做，也需要对这些工作进行评估。会后效果评估主要考虑以下因素。

① 会议记录是否整理好。

② 是否印发会议纪要和会议简报。

③ 会议决议是否落实。

④ 是否对与会者的满意程度进行调查。

⑤ 对会议的成败得失是否进行总结。

⑥ 已完成任务的筹备小组是否解散。

⑦ 其他因素。

2. 会议评估的方法

（1）问卷调查。问卷调查是最常用的会议评估的有效方法。问卷设计者把要评估的各方面的问题列举出来，每个问题后面给出几个评价性的词语，评估者只要从中选择一个或几个打“√”，最后再写几句意见或评论就可以了。对于会议评估者来说这种方法简单易行，只用花很少时间就能完成，因而广受欢迎。

问卷调查可以通过以下 3 种方式进行。

① 现场手工调查，即把调查问卷打印出来，在适当的时候发给与会者，请其现场手工填写。

② 现场在线调查，即把设计好的调查问卷做出网络链接，请与会者现场在手机上填写，所有与会者填写完毕后，即可统计出调查问卷中量化的部分。

③ 会后邮件调查，即会议结束后，把调查问卷发到与会者的电子信箱里，请与会者在规定的日期内填完回邮件给会议评估者。会议评估者收集齐后再进行统一处理。

（2）面谈。会议结束后，会议评估者可以邀请部分与会者集中面谈或分别面谈，征求他们对会议的意见和评价。这种方法只能对会议进行定性评估。

（3）电话调查。会议结束后，会议评估者打电话给与会者，征求他们对会议的意见，并请他们对会议做出评估。这种方法也只能对会议进行定性评估。

（4）现场观察。会议评估者在会议现场或在各个活动场所派人观察会议和各个活动的进行情况，并观察与会者和活动参加者的反应，从而对会议做出评估。

（5）总结报告。会议结束后，会议评估者要求每个会务人员对自己在会议整个过程中所做的工作做出总结报告。这种方法可以从一个侧面了解会议的情况，从而对会议进行评估。

以上方法综合使用，会使会议评估更全面、更具科学性。

3. 会议总结

对会议评估的过程也是对会议进行总结的过程，评估工作完毕后，会议组织者要根据评估情况，写出会议总结报告，总结出会议的成败得失。

会议总结的目的是分析会议组织过程中的经验和教训，对一些工作出色的组织和个人进行表彰，总结的结果可以为今后的会务工作提供参考依据。会议总结主要考虑以下几个方面。

（1）会议的召开是否有必要，所提出的各项议案是否解决。

（2）会议的准备工作是否充分，设备物品是否齐全，配套设施是否周到。

（3）会议议程是否科学合理。

（4）会议组织工作是否完善，有无明显疏漏或失误。

（5）会议人数是否控制严格，有无超出预期规模。

（6）会议主持人的水平能力是否符合要求，是否达到预期效果。

（7）会议代表对会议的满意程度如何。

（8）会议决议是否得到有效贯彻实施。

会议总结要以科学的绩效考评标准为指导，制定具体的量化指标，起到总结经验、激励下属、提高会务工作水平的作用。

实训检测

姓　　名		完成时间		所属小组	
标准分值/分	考核项目		小组给分	教师给分	建　　议
10	会议纪要格式规范				
20	会议纪要内容充实				
10	会议新闻稿格式正确				
10	会议新闻稿内容具体、语言生动				
10	会议评估方法选择得当				
10	会议评估报告分析中肯				
20	会议总结会讨论充实				
10	会议文件整理齐全，按时归档				

实训总结

模　　块	四	项目编号	4-3	任务名称	会后安排	
实训课时	4	实训地点			指导教师	
实训学生						

- 我通过以下方式为项目工作做出了贡献：

- 在这个项目中，对我来说比较困难的事情有：

- 改变这种困难的状态我可以采取以下方法：

- 我需要做以下一些事情，使我们项目的工作更加高效：

职场故事—— 一波三折 3

看着别人办会有问题，没想到没过多久余安妮自己在办会过程中也出现了问题。

阳光集团所属阳光教育技术有限公司2020年年会如期举行。根据会议安排，代表们2月26日报到，27日开会，28日离会。与会者共计1 131人。余安妮在何雨竹的带领下参与了会议的组织工作。2月27日晚，她和会务组的同事们一起收拾了会场，返还了租用酒店的设备，和酒店结清了相关费用。

考虑到会务组人员从会务准备到会务服务都很辛苦，和酒店结完账，余安妮跟其他几位同事出去喝晚茶，放松一下。回到酒店已经是晚上9时30分。这时她才想起要通知各位代表到酒店的会务组房间取预订的车票、机票。此时，有些代表正在焦急地等待取票；还有些代表没在，有的是第一次来上海，去外滩或其他地方去玩了，还有的借机去看望亲戚朋友。所以，等到午夜12点，代表们的车票、机票还没有发放完毕。没有取到票的代表们只好第二天一早来领票，自然少不了抱怨。

第二天下午，送走了代表们之后，余安妮匆匆返回公司总部，开始整理会议文件。却发现清退回来的会议文件数目不对，少了两份文件，是哪位代表没将文件交回呢？她回忆不起来了。没办法，只好给参会人员一一打电话询问。

余安妮原以为会议结束了，事情也就完了，没想到作为会务人员，要做的还有不少呢。

任务四　客户联谊活动

实训准备

模　　块	四	任务编号	4-4	任务名称	客户联谊活动
实训课时	4	实训地点		指导教师	
实训学生					
实训目的	让学生熟悉客户联谊活动的内容、步骤和组织活动的技巧，提高学生组织活动的能力				
提交资料	1. 客户联谊酒会方案 2. 联谊酒会现场照片及视频				

实训案例

又是一年中秋佳节，阳光公司为了答谢新老客户，决定举办一场中秋客户联谊酒会。行政部责无旁贷领下了这个任务。

何雨竹叫来余安妮说：“公司年年都会有这样一场中秋客户酒会，但是很难想出什么新样式。如果还是老样子，估计很多客户不感兴趣，导致不参加，这样就失去公司办活动的意义了。”

余安妮这次比较慎重，想了一下才说：“是呀，还真要有点新花样。不过这一会我也想不出来，我还是邀请小伙伴们一起来出出主意吧。”

实训任务

任务列表

根据实训案例，两个公司各自组织一场中秋节客户联谊酒会。

任务要求

1. 提前分工，完成酒会的各项准备工作。
2. 酒会主题设计有创意，推广宣传口号有特色。
3. 可邀请对方公司作为酒会嘉宾出席。
4. 酒会所需耗材尽可能节约或使用平价替代品，但现场气氛应喜庆热烈。
5. 酒会全过程应录制视频，并在会后归档。

知识回顾

（一）客户联谊活动的类型

联谊，顾名思义，即加强联系，增进友谊。联谊活动即一切旨在促进参与人之间的沟通和交流，使他们建立融洽的关系，加深彼此的了解，从而有利于以后的交往与合作的聚会活动。

不管是个人扩大人际交往范围的需要；是组织内部协调员工关系、促进员工默契配合、建立和谐企业文化的需要；是相关组织之间为加强沟通、互助合作的需要；还是组织树立形象、开展工作的需要，都可以通过举行联谊活动来实现。

根据不同的分类标准，联谊活动有不同类型。

1. 根据联谊活动的正式程度进行划分

（1）正式的联谊活动，一般为合法社会组织举办的，有明确的活动宗旨和正规的活动程序，且以规范的形式邀请嘉宾，一般有相关领导和嘉宾发表讲话的较大型联谊活动。

（2）非正式的联谊活动。一般为个人或各种非正式组织、社团举办的，形式自由的联谊活动。

2. 根据参加联谊活动的成员进行划分

（1）组织内部成员参加的联谊活动，即参加联谊活动的成员都在同一个组织内，联谊活动的气氛要比较自然、亲切，让成员在活动中感受到彼此认同、和谐的大家庭气氛，如很多组织在春节前都会举行的“喜迎新春员工联谊活动”。

（2）组织外部客户参加的联谊活动，组织举行联谊活动是为了与客户加强联系，如政府招商部门主办的中外企业家联谊活动、企业邀请目标客户举办的联谊活动等。

3. 根据举办联谊活动的目的不同进行划分

（1）公关型联谊活动，举行联谊活动的目的是加强与其他组织的联系，以此树立自身乐于沟通、善于交流的良好形象，从而更有利于以后工作的开展。

（2）推介型联谊活动，举行联谊活动的明面理由是与联谊对象加强联系，其实是借联谊活动来推介自己的产品或服务，以实现营销目的。因此，联谊活动邀请的大部分是企业已有的重要客户和正在争取的潜在客户。由于人们在气氛融洽的情况下难以拒绝别人，此种活动取得的营销效果往往比直接的推销活动效果好很多。目前，越来越多的企业开始把举办客户联谊活动作为其重要的营销手段之一。

（二）客户联谊活动的组织工作

1. 客户联谊活动的准备工作

（1）客户联谊活动具体目标的确定。一般来说，客户联谊活动有以下目标：增进与老客户的感情，请他们为本公司产品进行口碑宣传；开发目标客户，包括开发新客户和老客户的新业务；提升本公司产品品牌的效果和公司整体形象；提高销售额。在这几个目标中，把哪个目标放在更重要的位置，将影响联谊活动方案的策划。

（2）客户联谊活动方案的策划。对于利用客户联谊活动进行营销的企业来说，最大的困难就是在活动召开前，如何隐藏活动的商业功能，弱化功利色彩，强化活动的联谊功能，增强感情色彩，让应邀参加的客户没有很强的戒备心理，从而增强目标客户参与的积极性。这就为活动的策划者提出了很高的要求。

客户联谊活动吸引客户参加的主要策略是“先给后取”，即先分析自己的目标客户，有哪些强烈的但通过购买产品本身无法实现的需求，可以借助联谊活动这一途径，满足其需求，在此基础上再向客户提出购买本企业相关产品的需求，就变得自然而然，让客户乐于接受。如一个户外旅游品经销商先通过为户外旅游爱好者们提供户外旅游联谊的机会，在联谊活动中与这些爱好者们建立起良好关系，这些爱好者们就比较容易转化为自己的客户。联谊活动方案策划的核心，不仅是如何办好联谊活动，更要是对如何吸引客户参加联谊活动进行一系列活动的设计。

设计联谊活动时要注意，不要试图安排本公司不能驾驭或无法承担的活动，哪怕这个活动会让客户欣喜若狂。例如，对体育服装经销商来说，在举办体育爱好者联谊活动时，能请来国际体育明星是再好不过了，但能否请到，即便能请到，是否支付得起相关的费用呢？

活动一旦确定，就要坚定地安排下去，绝不可以出现发给客户的邀请函中有某项重要活动，而客户到场后却发现活动被取消的情况。

范文 4-2

阳光公司合作伙伴联谊活动策划方案

一、策划背景

1. 公司在 20××年度的市场运作中取得了辉煌的成就，因此公司借此机会真诚答谢所有合作伙伴；同时，采用联谊活动形式，可以树立公司企业形象，宣传公司经营优势，搭建一个畅通的客户关系沟通平台，营造轻松、良好的交流氛围。

2. 每年年末，各个企业都争相举办形式多样的春节联欢活动，但是在主题和形式上皆大同小异，缺乏创新。而本公司的合作伙伴及列席联谊活动的人员，具有一定的社会地位，对非专业歌舞晚会兴趣不会很大。所以，本次联谊活动在营造和谐交流氛围之余，安排了慈善拍卖活动，具有一定创新性，还颇具一定的社会影响，从而令参与客户对本公司形成更加良好的印象，达到联谊活动的目的。

二、活动方式

1. 活动目的：塑造企业社会形象、巩固客户关系、增强内部员工凝聚力

2. 活动主题：阳光公司20××年合作伙伴联谊及慈善晚会

3. 活动时间：20××年01月15日　15:00～18:00

4. 活动地点：外商俱乐部二楼中型会议厅

5. 参加人员：公司领导、合作伙伴负责人、特邀嘉宾、企业员工总计100人

三、活动内容

1. 开场阶段：（30分钟）

- 董事长（总经理）致辞并介绍公司业务及业务开展情况
- 业务负责人介绍双方合作情况
- 主要客户介绍合作情况

2. 表演阶段：（120分钟）

- 主持人——当地电视台（电台）首席主持人
- 节目表演：外聘杂技、魔术、小品、相声8个，歌舞4个（公司内部组织2个）
- 以来宾圆桌小组为评选单位，对每个节目进行评分
- 奖品设置：最佳表演节目2个，最佳评委团队1个

3. 拍卖阶段：（30分钟）

- 前场铺垫：《爱的奉献》主题音乐、道具物品整理
- 拍卖介绍：性质是捐赠希望工程的慈善义举；标的由公司提供，竞拍者出钱得物，所有钱款均以竞拍者名义捐赠给希望工程；竞胜者现场获得“荣誉捐赠证书”；新闻媒体进行相关报道
- 拍卖活动：介绍拍卖规则、展开拍卖活动、预期成交额15 000～20 000元
- 民政部门代表致答谢词

4. 晚宴阶段：

- 公司领导致辞祝福
- 宴会开席、发放纪念品
- 活动结束

四、前期准备

1. 内部组织：

- 文字类：公司简介，主持、拍卖解说词，新闻发布稿
- 物品类：标志、号牌，请柬，零食，奖品、纪念品
- 人员类：节目表演人员、辅助服务人员、组织协调人员

2. 外部联系：

- 活动场所：时间、地点、费用、音响灯光设备、会场布置、物料、人员准备
- 节目准备：主持人、文艺表演人员的来源、条件、费用协调
- 拍卖准备：拍卖师选择，“希望工程”项目活动实施的协商谈判
- 新闻媒体：当地有影响力的两家媒体的记者

五、费用预算

1. 物品费用：

- 基础费用：简介、请柬、标牌、横幅制作××元，交通费××元
- 礼品费用：纪念品××元，奖品××元
- 拍卖标的：艺术品××元，日常用品××元
- 茶水零食：××元

2. 人员费用：

- 演出人员：10个节目××元，主持人××元，拍卖师××元
- 新闻媒体：记者××元
- 希望工程：前期协调费用××元

3. 晚餐费用：××元

4. 费用合计：××元

六、关键控制

1. “希望工程”拍卖项目的严肃性与细节实施把握
2. 表演节目的质量水平和主持人、拍卖师的主持技巧
3. 新闻媒体报道新闻的价值及报道内容的侧重点控制
4. 出席嘉宾的节目互动参与性与现场气氛烘托调控

（3）成立联谊活动工作组，进行明确分工。联谊活动组织工作需要一个总协调人或负责人，需要至少成立3个小组：一是外联组，负责分析、确定、邀请嘉宾、讲座专家、各类客户等；二是后勤组，负责场地的联系、布置，准备交通工具、食品、礼品等；三是礼仪组，负责在活动场地迎接和陪同客户等。

（4）活动场地的选择。既然是客户的联谊活动，要想显示公司的实力和诚意，最好选取当地最知名的酒店、会所、文化宫等作活动场地，会场所在地应交通便捷，远离本公司竞争对手的办公或营业地。还应注意的是，会场最好安排在一二层，因为参加联谊活动的人数较多，举行到一定阶段气氛会比较热烈，处于较高的楼层容易引起低层用户的不满，也不太安全。

（5）联谊客户的确定和邀请。可以根据公司建立的客户关系信息库和近三到六个月的销售情况，详细分析客户数量、客户结构、客户贡献等情况，最终确定邀请客户的数量、邀约范围，并在此基础上逐渐确定目标参会者名单。如果希望来的人多一些，可以向老客户多发几张邀请函，也可请他们帮忙邀请有兴趣的客户。

对邀请的客户名单，应慎重决定，千万不可遗漏在过去的工作中对主办方起过支持帮助作用的重要客户。所以，在寄出邀请函之前，一定要与与外部组织往来较多的相关部门反复斟酌，由这些部门定下名单，再由公关部或外联组出面邀请。

在邀请客户时，应注意以下事项。

① 邀请函最好派公司人员亲自递送。客户联谊活动规模一般不会太大，亲自邀请也比较容易实现。而且，派人登门拜访，将邀请函亲手递送给客户，一是可以表现公司的诚意，二是可以由派送人员当面向客户介绍活动内容及主讲嘉宾等，增加客户参与的机率；三是可以确认客户的最新联系方式，方便以后的联系、合作。

在邀请函后面，可以附上公司和产品简介、本次联谊活动的活动简介等。

范文 4-3

“健康女人，魅力之星”客户联谊活动介绍

- 活动内容：特邀台湾著名心理学专家×××主讲
- 活动地点：×××
- 活动时间：20××年×月×日
- 主讲内容：

1. 魅力女人的 5 项修炼
2. 美满家庭的经营管理
3. 快乐人生的情感经营
4. 成功子女的教育方法

- 讲座解决的问题

当你感觉到身心疲惫、时常闷闷不乐；
当你发觉情感出现困惑、婚姻有了苦恼；
当你性格日益多变、脾气暴躁；
当你容颜渐失光华、心情更糟；
当你看到别人的孩子聪慧可爱、健康快乐，自己的孩子闷闷不乐、愁眉苦脸，你却不知如何是好；
当你的孩子做得很好，开心玩乐时，你一句不经意的话语却让他突然收起笑容，离你而去……

你可以学会：
如何享受生活；
如何享受爱与被爱；
如何对待婚姻家庭与婆媳间的关系；
如何掌握有效的健康与美颜的方法；
如何掌握亲子教育的秘诀；
如何处理未成年子女成长的关键问题。

☆ 参加这次联谊约会，你会觉得不虚此行！
☆ 欢迎参加“健康女人，魅力之星”客户联谊活动！

- 附：抽奖券两张。

② 递交邀请函的时间不宜太早，在活动开始前一周比较合适。对重要邀请嘉宾和客户，在活动开始的前一天，应打电话再一次确认，以方便开会时的座席安排。

③ 尽量保证邀请的客户在联谊活动中能有自己的交际圈。联谊活动进行到一定阶段，熟悉的客人之间就会形成一个话题圈，如果有些来的客户跟其他来宾不熟，就可能被冷落而产生不愉快。这种情况的解决之道是，在递送邀请函时将邀请名单给受邀人看，如果没

有其熟悉的人，就建议其带一个朋友或家人来参会。

（6）对联谊活动气氛的营造。企业举办联谊活动有很强的塑造良好自我形象的目的，所以，在举办联谊活动的会场进行周密的场景布置就很重要，如容易营造热烈气氛的横幅、条幅、气球、拱门、彩旗等，只要允许，都可以用上。当然，活动场内的背景板的设计在凸显热烈隆重的气氛之余，应注意与联谊活动的主题和本企业的视觉形象相协调。

在设计联谊活动时，最好在分析参与客户身份与爱好的基础上，合理地安排活动，设计大家都喜欢的话题，同时注意安排的场景与活动自由度要大，要体现出联谊中以人为本的原则。

（7）选定主持人。客户联谊活动的主持人对联谊气氛的营造和产品的适时推销作用很大。如果选取本单位的人员，应在事前进行严格训练，并在联谊活动前还要进行反复彩排。如果外聘主持人，不一定选择大众媒体的主持人，最好选择有着丰富营销会议主持经验的主持人。当然，只要条件允许，尽量邀请受欢迎的知名专业主持人，他们的妙语连珠和良好的应急能力会令参与者对本次联谊活动会产生深刻印象。

2. 客户联谊活动的现场工作

（1）在活动正式开始前的最后检查与协调工作。

① 对活动场内外的环境布置、座次安排进行严密检查。

② 全部活动组织人员统一着装，并对其礼仪行为进行检查。

③ 检查完毕后，召开活动前会议，对活动中的各项安排再一次进行布置和确认。

（2）对嘉宾和客户的迎接与引导。对前来的嘉宾，应有人专门陪同，并向其说明相关事宜。对前来签到的客户，凭其邀请函为其赠送准备好的纪念品、宣传资料等，并由礼仪小姐引导客人就座。

（3）活动现场的协调与控制。在活动正式开始前，通过投影设备向客户播放本公司的历史发展纪录片、形象宣传片、含蓄的产品广告片、产品相关知识介绍等。

活动开始后，活动现场气氛的调节由活动总协调人和主持人配合完成。其他工作人员不要随意走开，而是留在活动现场，如果发生突发事件，应及时赶来在总协调人的指挥下救场。

应为联谊活动中的客户进行免费的拍照服务，并将联谊活动全过程录制下来，经后期制作后赠送给客户。

3. 客户联谊活动的后期跟进工作和总结评估工作

很多时候，为了避免破坏联谊活动的气氛，企业不会在客户联谊活动中大肆宣传产品，或进行明显的现场营销宣传，而是让客户带着对企业的情意离开，活动后再借助送活动照片或视频、询问对联谊活动的意见等机会，向其推销产品，这便是客户联谊活动的后期跟进工作。

除了后期跟进以充分利用和巩固联谊活动的效果，公司还须对自身的活动组织工作进行全面总结，并结合最终的营销成果，对本次举办客户联谊活动的工作和效果进行全面评估。

实训检测

姓　　名		完成时间		所属小组	
标准分值/分	考核项目		小组给分	教师给分	建　　议
20	酒会策划方案格式规范				
10	酒会策划方案内容具体				
20	酒会现场程序设计合理、过程顺利				
10	酒会主题有创意				
20	酒会现场气氛热烈				
20	酒会视频内容完整、重点突出、剪辑流畅				

实训总结

模　　块	四	任务编号	4-4	任务名称	客户联谊活动
实训课时	4	实训地点		指导教师	
实训学生					

- 我通过以下方式为项目工作做出了贡献：
- 在这个项目中，对我来说比较困难的事情有：
- 改变这种困难的状态我可以采取以下方法：
- 我需要做以下一些事情，使我们项目的工作更加高效：

职场故事—— 一波三折 4

何雨竹把余安妮叫到自己的办公桌旁，递给她一份名单：“公司最近准备组织一次老客户的联谊活动，你考虑一下，出几个方案，明天我叫几个同事一起商议。”

余安妮一听是联谊活动，显得有点扬扬得意：“没问题，包在我身上。”

她之所以这么自信，是因为她在学校曾做过系学生会外联部长，专门负责各类联谊活动。很快她就找到了在学校做过的那些联谊活动的策划书，做出了 3 个方案。

第二天，余安妮拿着这 3 个方案，兴冲冲地走进何雨竹办公室。何雨竹先是对她的效率表示了满意，然后让她对每个方案都进行一个简短的介绍。

余安妮翻着手中一页页的文稿，逐一介绍了她准备的 3 个方案。

“第一个方案，我打算组织客户去郊外野山关森林公园爬山，看看谁先到达终点，前几名设特别的奖励。休息的时候组织大家围坐在草地上，玩几个游戏，气氛一定会很热闹。中午就在草地上野餐，食品准备得丰盛一些，让大家吃好喝好……”

何雨竹若有所思，轻声说：“再说说第二个方案吧。”

余安妮接着说：“如果雨竹姐觉得天气太热，不适合户外活动，我还有一个室内的方案。第二个方案是办一个我们员工和客户的联欢会，我们出几个节目，让客户也出几个节目，表演完了再评出一二三等奖，把奖品准备得充足一些，大家参与度肯定高。”

何雨竹微皱眉头：“你的第三个方案呢？”

余安妮看着何雨竹的表情，略有点不自信了：“第三个方案是去一个拓展训练营，做拓展训练。”

何雨竹表情严肃地问余安妮：“你有没有认真分析过我给你的客户名单？”

余安妮：“看过了呀。”

何雨竹：“那你说说参加这次活动客户的性别、年龄和职位。”

余安妮：“以男性为主，平均年龄四十岁左右，大部分都是合作公司的部门经理或副经理，也有个别是公司管理层的领导。”

何雨竹：“你觉得我们组织这些客户去爬山、让他们表演节目，合适吗？”

余安妮有点不服气，她小声辩解道：“现在白领们不是都喜欢健身和户外运动吗？”

何雨竹：“他们个人的爱好是一回事，我们公司组织的联谊活动就不能安排太剧烈的活动，也不适合安排表演类的活动，你看客户其中也有几位都上 50 岁了，我们应该尽可能避免一些风险和伤害。”

余安妮这才意识到，公司组织的客户活动与在学校里组织一群年轻人的活动是完全不一样的。这些客户都挺忙的，哪有时间去准备什么节目来表演给别人看呢。

何雨竹递给她一张名片：“这是南方高尔夫训练基地客户经理的名片，你跟他联系一下，看能不能在他们那里办这次活动。”

模块五 信息工作与宣传展示

任务一　信息工作

实训准备

模　　块	五	任务编号	5-1	任务名称	信息收集	
实训课时	4	实训地点			指导教师	
实训学生						
实训目的	帮助学生熟悉信息收集的渠道，弄清信息收集的流程，提高学生的信息工作能力					
提交资料	1. 信息收集范围列表 2. 信息收集计划					

实训案例

阳光公司近年推出的“智能手环”产品销量不错，但是这一类产品的市场竞争也是愈演愈烈。行政部总监李洛寒计划采取一系列措施来提高自家公司产品的竞争力，于是要求行政部主任何雨竹指派一名秘书负责收集该类产品国内外的相关信息。朱槿见习期结束后，被安排到行政部，由余安妮负责对她进行指导。于是，余安妮决定带着朱槿一起进行这次信息收集工作，她让朱槿先从“智能手环”产品的市场信息收集入手，让朱槿列下该产品相关的市场信息收集范围，并制定信息收集计划。

实训任务

任务列表

1. 分组讨论，列出“智能手环”产品市场信息收集范围。
2. 根据所需收集的范围，考虑信息收集的渠道和方法，制定信息收集计划。
3. 各组在讨论交流后将讨论结果交由组长进行汇总，并在班上汇报交流。

任务要求

1. 信息收集范围可参考本任务“知识回顾”中表5-1 市场信息收集表，同时结合“智能手环”产品的特点，尽可能全面地列出信息收集范围。

2. 信息收集方法要具有合理性和可行性。

知识回顾

（一）信息收集

信息收集是人们根据工作的需求，通过不同的渠道和方式，遵循一定原则，采用一定的方法获取有关信息的过程。信息收集是秘书信息工作的关键环节，秘书人员对此必须给予高度重视。

1. 信息收集的计划

（1）明确信息收集的目的。信息收集是为了服务某项工作，是出于某种工作对信息的需求，这是信息收集的出发点和归结点。信息服务工作内容的紧急程度决定信息收集工作的紧急程度。信息收集需要有目的、有计划进行。

（2）确定信息收集范围。收集信息前，秘书人员要先分析需要哪些信息，把握信息服务工作的信息需求范围。切忌漫无边际、毫无系统地收集信息，要有选择地收集工作所需要的对口信息，选择有价值的信息，否则，既增加自己的工作量，又会影响领导的决策判断。

（3）选择信息收集途径。秘书人员可以通过不同的途径收集信息，可以根据所需信息的特征、数量等决定收集途径。

2. 信息收集的内容

（1）企业信息。企业信息包括以下内容：

① 企业基础资料，包括企业历史、规章制度、经营业绩、科研成果、各项荣誉等；

② 企业概况，包括企业的名称、性质、地址、电话及传真、网址、业务范围、主要产品、近年业绩情况等；

③ 企业财务状况，包括企业注册资本、负债情况、盈利情况；

④ 企业信誉与信用等级情况；

⑤ 企业背景，包括企业文化、企业组织结构、股东及股东变化情况、企业领导层及主要领导人情况；

⑥ 企业经营活动信息，即企业开展各类经营活动的动态信息，包括产品研发、生产、上市、销售等环节的信息，生产工艺革新、生产设备更新的信息，公关宣传活动、企业文化建设活动等信息。

（2）合作伙伴信息。企业的合作伙伴主要有：

① 为企业提供原材料、技术、能源、生产设备的供应商；

② 从事企业产品或服务代理、批发、零售业务的销售商；

③ 为企业的经营管理提供物流、金融、咨询、市场推广、研发等各项服务的服务商。

（3）市场信息。市场信息包罗万象，大致可以分成以下几类，如表 5-1 所示。

表 5-1 市场信息收集表

市场信息分类		市场信息收集内容
市场环境信息	购买力	消费者收入水平、投资及影响因素、居民储蓄、消费者收支结构及变化、对各种商品的消费情况及新的要求、国家基本建设投资规模和重点、企业的效益情况、社会集团购买力
	市场需求量	某产品的现实需求量和潜在需求量，某产品的消费者数量及消费者的增减情况，某产品的购买数量、次数、时间、习惯等
	市场结构	一定地区、一定时间内，衣、食、住、行、用商品的结构，各种商品的花色、品种、质量、数量、规格、价格等方面结构，高、中、低不同档次商品的结构，市场和商品细分引起需求变化的因素、需求变化的趋势
	人口情况	某一范围的人口规模（总人口、家庭数量、家庭平均人口等）、人口构成（姓名、年龄构成、地理分布）、教育程度、民族差异、风俗习惯、生活方式、家庭信仰、社会价值观等
	竞争环境	竞争对手的生产规模、经济效益等，产品特点、成本、分销渠道，企业经营方式，售后服务，产品市场占有率，企业应变能力等
消费者信息	购买动机	求实、求新、求美、求廉等
	购买行为	理智型、经济型、感情型、冲动型、疑虑型、定点型、试用型等
	购买心理	习俗心理、好奇心理、偏爱心理、便利心理、求名心理、经济心理、从众心理、美观心理等
促销手段	广告宣传	宣传前：消费者的收入、需求水平、文化程度、广告意识、生活方式、情趣爱好等，消费者使用同类产品的情况，与同类产品相比本产品的独特之处，影响广告效果的各种因素等； 宣传后：是否引起人们的注意和兴趣，什么人看过、听过，哪部分人对广告更感兴趣，是否因此产生购买欲望或最终购买产品和服务，消费者对广告的印象、记忆、信任程度，产品销售量的变化情况等
	人员推销	面谈、电话等的促销情况，展示产品、现场操作表演、帮助挑选、包退包换、帮助安装调试、维修等的促销情况，促销人员与消费者的关系等
	营业推广	采取赠送样品等具体方式后，消费者的反应、产品销售额的增加幅度、产品市场占有率的变化、产品在竞争中的地位、消费者改变消费意向并使用本产品的情况
	公关活动	各种公关活动方式，公众的理解、信任与支持程度，中间商、消费者的接受和购买情况等
产品信息	产品实体	产品的设计、规格、质量、价格、图案、样式、性能，生产产品使用的原料、材料，是否维修方便，商标是否便于记忆、富于联想，消费者对产品的评价、意见、要求等
	产品包装	装饰效果、保护效果、宣传效果，包装的材质、是否便于回收，包装的费用，消费者对包装的态度，包装是否易于储存、运输、拆封等
	产品生命周期	产品导入期、成长期、成熟期、衰退期
	产品价格信息	新产品投放市场后的市场反应、定价策略、产品差价、定价是否合理、影响价格变化的各种因素，竞争者对价格变化的反应，消费者对价格变动的可接受程度，替代产品及其价格

（4）法律政策信息。秘书人员不仅要收集我国现有的与企业活动相关的法律政策，还要注意收集与企业有业务往来的其他企业所在地的法律政策及他们的法律咨询机构情况。

（5）宏观经济、金融信息。经济信息包括宏观经济动态、国家经济政策和经济发展导向等。金融信息包括国内外金融动态、外汇汇率变化、国际国内证券市场行情、贸易对象国利息汇率情况和投资信贷信息等。

（6）交际活动信息。不管是服务于一位领导，还是同时为几位领导服务，对领导的作风、性格、办事习惯、起居规律、思路、语言特点和生活爱好，甚至他的工作经历等，秘书人员都应当了解清楚，这样才能把服务工作做到恰到好处。凡是领导要参加的各种交际活动，秘书人员都要及时掌握有关信息，迅速了解活动的内容、时间、地点、具体要求等情况，并设法了解交际对象的背景资料、生活习惯、忌讳等情况。

3. 信息收集的原则

（1）目的性原则。目的性原则，是指信息的收集必须有明确的目的，必须根据具体任务和实际需要，有的放矢地收集信息。

（2）准确性原则。准确性原则，是指信息的收集必须准确，不准确的信息不仅浪费人力、物力和时间，甚至会导致决策失误，造成巨大的经济损失。

（3）系统性原则。一般来讲，信息的产生和传播具有零散、间断的特点，它不是一次性地集中发出，而是在时间上有间隔，内容上不完整。因此，拓展信息来源，注意信息的积累，提高信息的系统性，是提高信息质量的一个重要方面。

（4）时效性原则。时效性是信息的一个重要属性，信息如果过时，也就失去或减弱其使用价值。保证信息收集及时有效的办法，就是积极做好信息预测工作，抓住潜在信息。

（5）全面性原则。地区不同、部门不同、各种社会或经济活动不同，产生信息的数量和质量也不相同，因此，秘书人员在收集信息时，必须采取多种方法，进行多方位收集，并把收集对象的相关因素联系起来综合考虑，找出其中的共性和规律。

（6）道德性原则。信息工作是在一定的理论基础上进行的正规工作，不是商业间谍活动，因此秘书人员在收集信息时应注意不能违反道德准则。

（二）信息收集的渠道与方法

1. 信息收集的渠道

信息收集的渠道，是指秘书人员进行信息收集的途径和通道。信息收集的渠道是多种多样的，归结起来，主要有外部渠道和内部渠道两个方面，其中外部渠道又可分为国内信息渠道和国外信息渠道。

（1）国内信息渠道；

① 政府信息网站；

② 大众传播媒体，即由报刊、广播、影视、出版等部门构成的信息渠道；

③ 社会专业信息机构，如各种类型和层次的图书馆、情报机构、档案馆、博物馆及近年来成立的信息中心和各种咨询机构；

④ 国内各企业，各大专院校，各专业领域的学会、研究会、协会等；

⑤ 各种形式的会议，如研讨会、报告会、技术鉴定会、新闻发布会、展览会等；

⑥ 本企业在全国各地的销售网点或代理机构；

⑦ 各种生活娱乐场所，如电影院、剧院、宾馆、饭店、舞厅等生活娱乐场所；

⑧ 各种文书，包括来文、指示、报告及各种内参、快报、简报等。

（2）国外信息渠道：

① 国外有关的报刊、影视作品、出版物等；

② 国外有关专家组织机构、企业集团、国际金融机构、公关咨询机构等；

③ 国外有关代理机构及国外分支机构；

④ 专业性的国际会议等；

⑤ 国外公司、商社、科研机构、院校等；

⑥ 外国及国际组织驻华使（领）馆、办事机构及外国驻华商社的新闻发布会等；

⑦ 与国外友好人士的交往及同国外团体与组织的交流等。

（3）内部渠道：

① 企业的计划与总结；

② 企业的经营策略和经营预测、决策资料；

③ 企业的经济活动分析资料，如财务活动分析、生产情况分析、销售情况分析、业务活动分析等资料；

④ 企业的各种数据记录、会计记录（资金来源、资金使用情况、财务情况、经济成果情况）、统计记录（生产情况、销售情况）、业务记录（各种业务活动包括对外交流业务活动）；

⑤ 企业内部简报。

信息渠道很多，关键在于秘书人员能否善于利用、善于积累。

2. 信息收集的方法

信息收集的方法有多种类型，主要收集方法有以下 7 种。

（1）观察法。信息收集的观察法，是指秘书人员通过现场观察来收集信息的一种方法。观察法大多是在被观察对象没有觉察的情况下进行的，因此较为客观。但它只能了解被观察对象的行为活动，不能了解被观察对象的内心世界、动机、态度、目的等，因而显得不够深入。观察法不仅适用于对人的观察，而且还适用于对物的观察。

（2）询访法。信息收集的询访法是信息收集常用的方法之一，是指秘书人员通过向受访者提问，请对方作答的方式来获取信息。根据询访的方式与手段的不同，询访法可以分为面谈询访、电话询访、书面询访等。一般来说，收集简单的、时效性强的信息，以电话询访为佳；收集涉及面广、有深度的信息，则以面谈询访为佳；收集不便当面交谈的内容的信息，则以书面询访为宜。

（3）问卷法。信息收集的问卷法，是指由秘书人员向被调查者提供问卷并请其对方作答而收集信息的一种方法。问卷是信息收集的一种重要工具，它的形式通常是一份精心设计的问题表格。

（4）量表法。信息收集的量表法，是指运用量表来收集信息的一种方法。量表可以较精准地调查人们主观态度和潜在特征，它由一系列精心设计的问题构成，用以间接测量人们对某一事物的态度、观点或在某一方面所具有的潜在特征。

（5）购买法。信息收集的购买法，是指通过购买有关信息载体而收集信息的一种方法。它是企业获取外部信息的常用方法之一。

（6）检索法。信息收集的检索法，是指利用信息检索工具，从现有的资料文档中检索有关信息资料的一种方法。根据检索工具的不同，检索法可以分为手工检索和计算机检索两种类型。

（7）交换法。信息收集的交换法，是指企业的信息部门以自己拥有的资料、样品等信息与有关企业进行的信息交换，从交换得来的资料、样品等信息中获得所需信息的一种方法。交换法既是组织获得所需信息的重要方法之一，也是各单位之间进行信息交流的一种重要方式。

（三）信息整理

信息整理是对原始信息进行筛选、分类、核校，使其成为有价值的信息的过程。信息整理工作是对收集到的原始信息去粗取精、去伪存真、由此及彼、由表及里的改造加工，是整个信息工作的核心。

1. 信息筛选

（1）信息筛选的内容。

① 鉴别，即判断信息的真实性、全面性、适用性等。真实性鉴别，即甄别信息资料的真伪；全面性鉴别，即检验信息资料的完整程度；适用性鉴别，即确定信息资料的适用程度和价值大小。

② 选择，即选取适用性强、价值大的信息，一般选择对工作有指导意义、与业务活动密切相关的信息，特别是新颖、及时的相关信息。这些信息是有效信息，是领导决策的重要依据。

③ 剔除，即删除不适用、价值小或无价值的信息，包括虚假信息、类同信息、重复信息、过时信息，以及与内容无关的信息。这些信息大都是无效信息、干扰信息，会影响领导的决策。

（2）信息筛选的方法。

① 复印、裁剪，即秘书人员对能满足需求的相关信息进行阅读，将阅读到的有价值的信息做记号、复印或裁剪。

② 摘记，即秘书人员将有保存价值的信息摘录到手册或卡片上。

③ 标记说明，即秘书人员对筛选后的信息进行标注、注释或说明，注明所收集信息的日期、出处。

（3）信息筛选的程序。

① 看来源。信息的来源渠道有上级、同级和下级，上级渠道形成的信息具有全局性、综合性和权威性，而同级和下级渠道形成的信息主要起参考作用。

② 看标题。信息的标题一般可以反映信息的内容和价值，秘书人员要认真分析标题，了解信息的主题，进而初步确认信息价值的大小。

③ 看正文。秘书人员要浏览信息的正文，了解其主要内容，确定是全部选用、部分选用，还是不用。

④ 决定取舍。秘书人员要对信息进行筛选，从中挑选出能满足需求的信息。秘书人员决定取舍的时候要注意 3 个方面：是否突出主题思想，是否具有典型性，是否有新意。

2. 信息分类

（1）信息分类的方法。

① 主题分类法，是指按照信息概念、主题特征来进行分类排列信息的方法。主题分类法可以按多级主题分类，如信息中最重要的主题名称作为分类的首要主题，次要的主题作为第二主题，以此类推。

主题分类法的优点：检索方便，将相关主题的信息材料集中存放，便于信息的查找和利用。主题分类法的缺点：主题与标题容易混淆，主题不易确定，难以归类准确。

② 字母分类法，是指按照字母排列顺序进行分类的方法。第一个字母不同的，按第一个字母的前后顺序排列；第一个字母相同的，则按第二个字母的前后顺序排列，以此类推。

字母分类法的优点：方法简单易行，操作方便。字母分类法的缺点：按字母分类的信息，信息的主题不突出；当相同字母的字较多时，查找花费时间长，使用不方便。

③ 数字分类法，是指按照每个信息被赋予的号码次序或大小顺序进行分类的方法。数字分类法的优点：数字规则简单，一目了然；简便易行，适于存储。数字分类法的缺点：查找信息需要参照索引卡，耗时长；如果分类号码有误，则会导致查找信息失败。

（2）信息分类的程序。

① 熟悉信息内容。秘书人员首先应查阅信息，通过信息的题目和正文了解信息的总体情况，并熟悉信息的具体内容。

② 选择分类方法。信息分类的方法有很多，秘书人员要根据信息的来源、数量、内容和各种分类方法的特点，同时考虑组织工作业务的需要，从便于保管和利用的角度出发，选定分类方法。

③ 分类信息。分类信息，是指秘书人员对各种信息按照一定的标准进行类别划分。

④ 归类信息。归类信息，是指秘书人员遵循特定的原则和方法，根据信息的内容、来源、时效、性质和作用等不同，按照一定的规范、要求，把收集的信息分门别类地进行整理，使信息条理化。

3. 信息核校

（1）信息核校的方法。

① 溯源法，是指秘书人员在对收集到的信息所涉及的有关问题进行审核查对时，溯本求源。

② 比较法，是指对照事物，比勘材料，即秘书人员对反映某一事实的各个方面的信息材料进行比较，判断说法、结论是否一致。

③ 核对法，是指秘书人员依据直接的、最新的权威性材料，对信息进行对照分析，纠正信息中的差错。

④ 逻辑法，是指秘书人员对信息的内容进行逻辑分析，发现问题和疑点，从而辨别真伪。

⑤ 调查法，是指秘书人员对信息的内容，通过现场调查的方式来验证其真实性和准确性。

⑥ 数理统计法，是指秘书人员对信息中的数据和定性分析，运用数理模型进行计算鉴定，检验数据是否正确、结论是否一致。

（2）信息核校的程序。

① 确定核校的内容。收集到的信息材料并非都要进行核校，需要校核的内容主要有事实、观点、数据、图表、符号、时间、地点和人物等。

② 选择核校的方法。秘书人员要根据实际工作需要选择最恰当的核校方法。

③ 核实、分析信息。秘书人员利用掌握的第一手信息和权威性材料，对收集信息的真实性进行核实，并对信息内容的逻辑性进行分析。

④ 做出判断。秘书人员通过核对、计算、定性（定量）分析和逻辑推理，判断信息的真实性、可靠性。

实训检测

<table>
<tr><td>姓　名</td><td></td><td>完成时间</td><td></td><td>所属小组</td><td></td></tr>
<tr><td>标准分值/分</td><td colspan="2">考核项目</td><td>小组给分</td><td>教师给分</td><td>建　议</td></tr>
<tr><td>20</td><td colspan="2">信息收集能针对特定的产品</td><td></td><td></td><td></td></tr>
<tr><td>20</td><td colspan="2">信息收集的范围全面</td><td></td><td></td><td></td></tr>
<tr><td>20</td><td colspan="2">信息收集计划的目标明确</td><td></td><td></td><td></td></tr>
<tr><td>20</td><td colspan="2">信息收集计划的安排合理</td><td></td><td></td><td></td></tr>
<tr><td>20</td><td colspan="2">信息收集计划的分工明确</td><td></td><td></td><td></td></tr>
</table>

实训总结

<table>
<tr><td>模　块</td><td>五</td><td>任务编号</td><td>5-1</td><td>任务名称</td><td colspan="2">信息收集</td></tr>
<tr><td>实训课时</td><td>4</td><td>实训地点</td><td colspan="2"></td><td>指导教师</td><td></td></tr>
<tr><td>实训学生</td><td colspan="6"></td></tr>
<tr><td colspan="7">● 我通过以下方式为项目工作做出了贡献：

● 在这个项目中，对我来说比较困难的事情有：

● 改变这种困难的状态我可以采取以下方法：

● 我需要做以下一些事情，使我们项目的工作更加高效：</td></tr>
</table>

职场故事连载——任重道远 1

阳光公司这几年面临激烈的市场竞争。为了提高产品市场竞争力，行政部总监李洛寒建议进行市场信息收集。何雨竹把信息收集的任务交给了余安妮，让她带着朱槿一起承担这项任务。收集的信息要加以分类整理，打印后放在几个公共信息文件夹里，供一些部门和人员参考使用。

运行了一段时间后，大家都觉得这种提供信息的方式很好。李洛寒因此决定扩大收集信息的人员范围，要求办公室所有秘书都要收集产品相关的信息，提供给余安妮，由余安妮统一分类整理，负责公共信息文件夹的借阅管理。

朱槿叫住正在认真整理公共信息文件夹的余安妮问道："糟糕，安妮姐……雨竹姐让我跟你一起承担市场信息收集的任务，但是我一个文职人员怎么去收集市场信息呢？感觉好陌生啊！一直觉得收集市场信息进行市场调查是销售人员的工作，我从来没接触过！安妮姐，这几个月你是怎么完成这项工作的啊？"

"首先，要纠正你一个小错误啊，收集市场信息、进行市场调查并不是销售人员的专职工作。信息收集工作本身就是秘书人员非常重要的一项工作，而这'市场信息'是信息收集的很重要的内容。"余安妮转过头对朱槿说。

"其实收集市场信息，首先要确定收集的范围。如果不先确定下来，到时候交给我的可能和其他人交给我的内容会重合，就没有太大意义了！"余安妮一边贴着标签，一边提醒着朱槿。

朱槿一听着急了："那不就等于白干了……哪些部分会重合呢？"

"市场信息本来包括的内容就很多啊！产品、客户、竞争对手……你收集这些信息的时候如果没有确定的目标就很容易和别人'撞车'。比如，你要收集市场环境信息，就会和陈雅儿收集的宏观经济、金融信息有部分重合。只有你设定好每次信息收集的范围和目标才能收集到有针对性的、与他人不同的信息。

"安妮姐，那确定好目标以后又该怎么做呢？

"我们公司业务范围那么广，除主营的电子类产品外，还兼做房地产、旅游、酒店，你收集市场信息，首先要确定是哪一行业的市场，接着是哪一产品的市场，然后是哪一区域的市场，市场信息中又涉及哪些项目……说着都像绕口令了，呵呵。"余安妮贴完最后一个标签转过身说："其实就是确定好目标后再确定信息收集的大致范围，然后思考如何收集这些信息。"

"其实，朱槿你也不用害怕，我这几月的信息收集工作也是边做边有感觉的，因为了解的信息越多才能越来越深入地挖掘新的、更有价值的信息。你先确定一个专题做做看吧。"

任务二　市场调查

实训准备

模　　块	五	任务编号	5-2	任务名称	市场调查	
实训课时	4	实训地点			指导教师	
实训学生						
实训目的	本任务主要让学生了解市场调查的基础知识，选择正确的市场调查方式，完整、全面地搜集相关信息，最终形成调查报告，从而掌握市场调查工作的基本方法					
提交材料	1. 市场调查计划 2. 市场调查报告					

实训案例

案例 1

阳光公司拟与一家公司合作涉足网络游戏领域，但有董事认为该项投资风险较大，而且网游领域市场竞争激烈，国内市场空间有限。面对争议，郑总打算让行政部针对在校大学生，做一个初步的市场调查，如果结论乐观，则委托专门的市场调查公司做更加专业的可行性分析。

调查任务：在校大学生网络游戏状况调查。

案例 2

阳光公司很重视手机 App 的影响力，在推出针对本公司客户的 App 之前，拟对目前在校大学生手机 App 的装机和使用情况进行一个调查。正好最近市场部工作比较紧张，这个任务就交给了公司行政部。

调查任务：在校大学生手机 App 装机及使用情况调查。

实训任务

任务列表

1. 每个公司选择一个案例，制定调查计划，并组织成员进行市场调查。
2. 对调查数据进行科学的整理和统计。
3. 根据统计结果，写出调查报告。

任务要求

1. 事行应制定出完整的调查计划，明确调查的流程、分工、时间安排、使用的工具等。
2. 统计数据应真实，杜绝伪造数据现象，一经查出，本实训计零分。
3. 调查报告结构完整、条理清晰，结论必须是根据客观数据，经科学推导而出的，严禁凭空想象、随意得出结论。

知识回顾

（一）市场调查的步骤

市场调查，是指针对市场某一个问题或一种现象的出现，运用科学的方法，有目的、有计划地进行实地考察和综合分析的活动。

市场调查是了解问题、分析问题和解决问题的过程，同时也是一项复杂而又艰巨的工作。因此，秘书人员在开展市场调查工作时，必须遵循一定的程序。一般来说，整个调查工作由 4 个步骤组成：确定调查目标、制定调查方案、收集调查资料、处理调查结果，如图 5-1 所示。

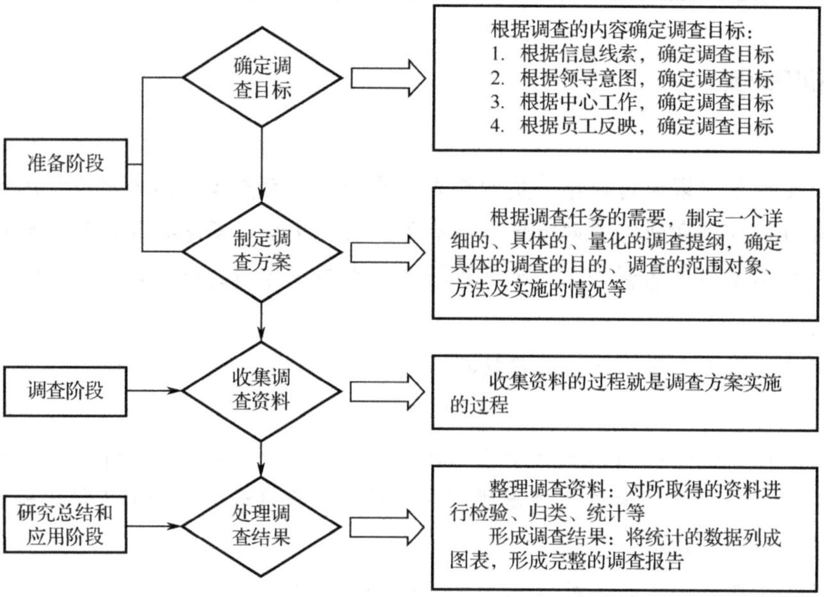

图 5-1　市场调查的步骤

（二）市场调查的方法

在长期的社会调查实践中，人们摸索、总结出了许多各具特色、行之有效的科学调查方法。秘书人员在组织市场调查工作时应结合实际情况，选择恰当的调查方法。具体来说，秘书人员常用的市场调查方法有以下几种。

1. 访谈调查法

访谈调查法，是指通过与被访问者进行交谈等方式，收集资料的一种调查方法，是一种最常见的调查方法之一。根据调查者与被调查者接触方式的不同，访谈调查法可以分为面谈问询调查法、电话问询调查法、邮寄问询调查法等。下面主要介绍前两种方法。

（1）面谈问询调查法。面谈问询调查法，是指采取“走出去，请进来”的形式，同被调查者直接面谈，当面了解情况，询问有关问题的调查方法。开调查会是面谈问询调查最常用的方法，召集一些了解详细情况的人员，以座谈讨论的形式，请他们就某个问题谈谈具体情况和自己的看法，并提出建设性的意见。开调查会的优势是：在交谈中可以相互启发，同时节省时间，提高效率，而且参加会议的人员都是比较熟悉情况的，因此所获得的信息会比较可靠。

开调查会应注意如下的问题：

① 确定参加人员。尽量选择各个层次、各个部门、不同年龄且熟悉情况的人员参加，以便使所获得的信息更具有代表性。

② 要随时把控会议的基调。调查会既要有活泼、畅所欲言的氛围，又要注意不能偏题。

③ 一般应将调查的内容提前告诉与会人员，请他们做好准备，为此秘书人员应先设计好调查提纲。调查提纲一般包括调查目的、要求、时间、地点、对象、调查题目、具体问题等。所提问题要明确、恰当。

④ 秘书人员要做好记录，尤其是对一些关键问题、重要数据、具体情况，必须反复核实，以保证准确无误。

（2）电话问询调查法。电话问询调查法，是指通过电话向被调查者询问有关问题的调查方法。想在最短的时间内解决问题通常采取这种调查方法。近年来，随着我国经济的快速发展，通信技术不断进步，电话普及率已相当高，运用电话进行信息调查已较为普遍。电话调查的特点是：第一，节省时间。在办公室里就可以进行，获得信息速度较快，效率高。第二，成本较低。省去了交通、印刷等费用。第三， 不受地域限制。随着电话普及率的提高，电话调查的范围越来越广。第四，调查方式灵活。调查双方在通话时可以就某一问题相互解释，启发思路，达到较好的调查效果。第五，通话时间有限，只能得到简单回答，不能获得更为详细的信息。

使用电话问询调查法要注意如下的问题。

① 要遵守打电话和接电话的礼仪规范。

② 在调查前要准备好问询要点，调查内容要简练、集中，以求节省通话时间，问询的时间不能太长，一般是3～5分钟。

③ 使用的语言要简明，以词能达意为原则。

④ 保持中立的态度、平和的语气。

⑤ 准备必要的工具，包括笔、记录本、录音笔等。

电话问询调查法常用于过滤信息样本或内容比较简短的调查。

2. 现场调查法

现场调查法亦称实地观察法，是指有计划、有目的地运用科学的工具和手段实地去调查了解情况，收集信息的调查方法。现场调查法的特点是：第一，秘书人员能够在实地直接感知客观对象和其所处的特殊环境和氛围，具有直观性；第二，可以了解到被观察者在自然状况下的真实行为，具有真实性；第三，所观察到的往往是事物的表面现象或外部联系，带有一定的偶然性。但在实际工作中，秘书人员所面对的问题并非全都能进行实地观察。

使用现场调查法应注意如下的问题。

（1）要深入。俗话说“耳听为虚，眼见为实”，进行调查就要深入实际、深入基层、深入生产第一线，必要时还应直接参加生产或活动，减少偶然因素对观察结果的影响。

（2）要全面观察。在调查时要全面地观察、了解情况。尊重客观事实，切忌走马观花，以便全面地掌握相关信息资料。在条件允许的情况下，还应当利用照相机、录像机、录音笔等现代化设备，以弥补秘书人员观察能力的不足，从而提高观察的效果和质量。

（3）要细致、耐心。现场调查法与其他调查方法相比，其花费的时间长，因此一定要细致、耐心地做工作，既要了解计划中涉及的内容，又要了解在现场新发现的情况，并且要边调查边研究，及时发现问题，及时补救，直至问题清楚、信息资料充足后，才能结束调查。

现场调查法对秘书人员自身的观察能力要求较高。良好的观察能力包括良好的感知能力、敏锐的注意能力、较强的记忆能力、快速的记录能力、正确的分辨能力等。秘书人员应注重对这些能力的训练以提高自身的观察能力。

3. 问卷调查法

问卷调查法，是指用事前精心设计的问题系统收集资料的调查方法。问卷调查法可以通过邮寄、电话问询或面谈等方式进行，它是调查工作中最常用的资料收集方法。随着电子政务的建立，调查问卷的设计应有利于计算机分析，因此，其设计必须遵循一定的原则和程序。

（1）调查问卷的设计原则。

① 主题明确。调查问卷一定要突出重点。

② 结构合理，逻辑性强。调查问题的安排应具有一定的逻辑性，符合被调查者的思维习惯。通常的逻辑思维顺序：先易后难，先简后繁，先具体后抽象等。例如，先问行为方面的问题，再问态度、意见、看法方面的问题，最后问个人的背景资料（个人背景资料虽属事实性的，但属较敏感的内容，故放在末尾较适宜）。

③ 通俗易懂。调查问卷的设计一定要一目了然，问题的陈述要尽可能简短，避免带有歧义和倾向性，尽量不用专业术语。

④ 便于统计、汇总，即有利于使用计算机进行统计分析。

⑤ 长短适宜。一般来说，调查问卷问题不宜过多，答卷时长不能超过 30 分钟，否则会令被调查者失去耐心，进而直接影响调查结果。

（2）调查问卷的设计程序。要完成一份理想的调查问卷，秘书人员需要做好一系列工作，其基本步骤如图 5-2 所示。

（3）调查问卷的类型。调查问卷根据问题形式的不同可以分为开放式和封闭式两种。开放式问卷是指被调查者可以根据自己的情况自由回答问题的问卷。被调查者可以充分发表自己的看法，但对秘书人员来说，这种形式不便于进行结果的分析、整理。封闭式问卷是指被调查者只能从所提供的答案中选择最接近自己的一项或几项的问卷。封闭式调查问卷便于资料的汇总整理，但由于缺乏详细的说明，以致答题中的一些偏误难以避免，而且所提供的答案并不能完全代表被调查者的意见。

（4）调查问卷的内容构成。

① 被调查者的基本情况：姓名、性别、年龄、职业、文化程度、工作单位、家庭地址、家庭人口、人均收入等。

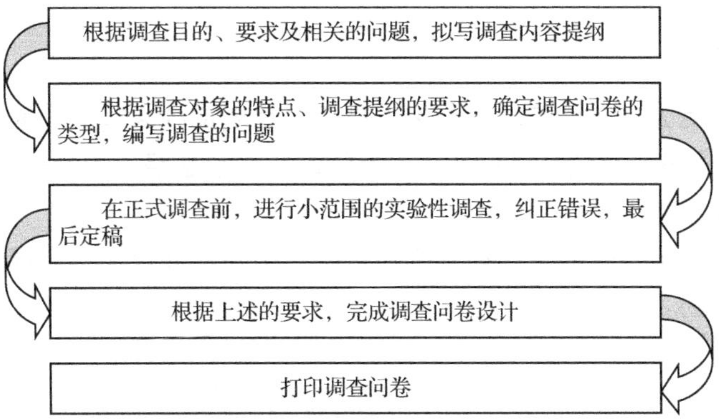

图 5-2　设计调查问卷的步骤

② 调查内容的主体，这是调查问卷的主体部分，是所需调查内容的具体项目。

③ 调查问卷填写说明，包括调查问卷的目的和要求、调查项目含义、时间、填写注意事项。其目的在于争取被调查者的合作，使其明确调查问卷的填写要求和方法。

④ 编号。有些调查问卷要加以编号以便日后分类整理和进行计算机处理。

（三）调查报告的写作

调查报告是指根据调查研究的结果写出的反映客观情况的书面报告。调查报告属于调查与分析、实际与理论、客观与主观相结合的一种说明文。秘书人员在对调查资料进行科学加工处理、完成统计和分析后，就进入了撰写调查报告的阶段。

根据调查报告的用途和读者对象的不同，调查报告可分为普通调查报告和学术调查报告。普通调查报告是以了解社会实际情况、解决社会实际问题为主要目的一种调查报告，秘书人员主要需要掌握普通调查报告（以下简称调查报告）的写作要领。

1. 调查报告的类型

根据调查报告所涉及的内容，秘书人员经常要处理以下几种调查报告。

（1）反映新生事物的调查报告。这类调查报告主要用于报告和评价新生事物，帮助人们提高对新生事物的认识。它要写出新生事物的基本情况、特点，说明它产生的背景、发展过程、意义，并指出其发展方向，以便进一步改进和完善。

（2）典型个案的调查报告。这里所说的典型包括两层含义：一是某项工作在某一特定时期或地区具有典型意义，如社会保险问题；二是某一单位在开展某项工作过程中具有代表性的成功经验或发人深省的失败教训，如收容遣返问题等。因此，这类调查报告具有代表性、指导性的特点。

（3）反映问题的调查报告。这类调查报告主要用于系统地反映社会生活或本单位工作中存在的不良现象和问题，为领导了解情况、研究问题、制定政策、进行决策提供依据。

（4）反映事物发展动态的调查报告。这类调查报告是对政治、经济、社会、文化科技等方面的某一政策或决策的执行过程进行追踪调查后形成的调查报告，它反映了某一特定时期或范围的工作进展情况，如市场动态调查报告等。

2. 调查报告的特点

（1）真实性。秘书人员所撰写的调查报告必须是如实反映客观现实的，要有令人信服的大量可靠的事实、数据、资料作基础，所引用的事实必须是经过科学处理和认真鉴别的，不能凭空想象或者歪曲事实。

（2）针对性。调查报告一般有比较明确的意向，相关的调查和核校都是针对某一综合性或专题性问题展开的。在报告中，秘书人员还应对所调查的问题提出针对性的看法，以及解决问题的意见或方案。

（3）明确性。调查报告是以为领导和决策部门提供改进工作的辅助意见和制定政策的科学依据为目的的。因此，秘书人员在撰写调查报告时，支持什么、反对什么、对某个问题持什么态度，都应非常明确地表达出来，要本着实事求是的态度敢于说真话、敢于揭示问题。

3. 调查报告的结构与写作要求

不同的调查报告因调查的目的、内容和读者对象的不同有不同的写作要求，但各种调查报告通常都是由 4 个部分组成，如图 5-3 所示。

图 5-3 调查报告的结构

（1）标题。从目前大量的调查报告的标题来看，调查报告的标题主要有两种形式：单标题和双标题，如图 5-4 所示。

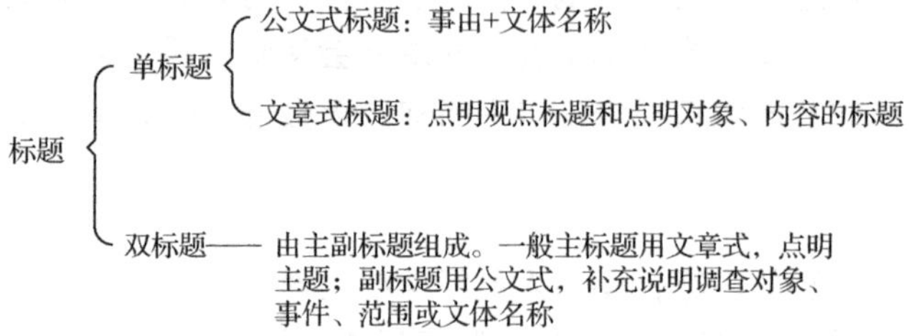

图 5-4 标题的形式

① 单标题。单标题又可分为公文式标题和文章式标题。公文式标题的格式是“事由+文体名称”，事由是指调查的对象和问题，文体名称如调查、调查报告、调查记、考察报告等，使调查报告的主题和文种一目了然，如《当前大学生的思想状况调查》《武汉市社区管理状况调查报告》《中国教育与人力资源问题报告》等。

文章式标题有两种格式：一是只点明调查对象、内容，不表明观点，如《我市为什么会出现“乘车难”的现象》；二是直接表明作者通过调查分析所要表述的观点，如《择友不当是青少年犯罪的重要原因》。

② 双标题由主标题和副标题组成，主标题一般采用文章式标题格式，副标题一般采用公文式标题格式。这种标题兼具上述两种标题的优点，既一目了然又能吸引读者的注意力，因此也是人们较习惯使用的一种标题形式，如《网贷陷阱给大学生补上了一堂心理课——大学生网货心理状况调查》。

总之，调查报告的标题格式是灵活多样的，秘书人员在拟写时一定要注意标题要与调查报告的内容相符，不能为了吸引读者的注意力而使用超出调查报告内容的标题。

（2）导言。导言也称引言，是调查报告的开头部分，要求简明扼要、紧扣主题，高度概括调查的内容、目的、方法，甚至将调查所得的结论也概括地提炼出来，使读者对调查报告有一个总体印象。常见的导言大致有以下几种类型。

① 提要式，把调查报告最主要的内容概括出来，使读者对调查报告的基本情况有大致的了解。

② 交代式。在开头交代调查的目的、方法、时间、范围、产生背景和由来，使读者在一开始就对调查报告的过程和基本情况有所了解。

③ 问题式，采取提问的方式点明主题，直接将调查暴露的问题提出来，引起读者关注，促进读者思考。

（3）主体。这是调查报告的核心部分，包括调查的主要事实和分析结论。由于主体部分所占篇幅较大，内容也最多，因此在结构上一定要根据调查报告的类型、内容、目的的不同来精心安排。调查报告主体的结构主要有以下 3 种。

① 纵式结构。按照时间顺序，使调查所得信息前后连贯、自然衔接，有利于读者了解事情的来龙去脉，清晰地把握整体，认识事物的发展规律。

② 横式结构。根据所调查现象本身所包含的各种不同特征或不同方面，从横向的角度来描述、分析和比较。采用这种结构需要注意，并列排放的若干内容，都要紧紧围绕主题，突出重点，保持资料之间的逻辑关系。

③ 纵横结合式。总体为纵，局部为横；或总体为横，局部为纵，此形式适应性强，灵活、自然。

在实际工作中，各种形式都不是固定不变的，秘书人员在撰写调查报告时，应该根据具体调查的实际情况来选择写作形式。

（4）结语。调查报告的结语要简短有力，它一般表明调查者对问题的看法和建议，是分析、解决问题的必然结果。结语的形式也有 3 种：采用总结全文的形式进一步深化主题；依据调查结果，采用提出解决问题的措施或建议的形式（许多调查报告采用这种结语）；采用补充说明的形式。如果调查报告在正文部分已经表述清楚，也可以省略结语。

实训检测

姓　名		完成时间		所属小组	
标准分值/分	考核项目		小组给分	教师给分	建　议
10	调查计划内容完整				
20	调查工作安排合理				
20	调查过程组织有序				
10	统计数据完整、真实				
10	调查报告结构完整				
10	调查报告文字流畅				
20	调查报告结论充分，有科学依据				

实训总结

模 块	五	项目编号	5-2	任务名称	市场调查
实训课时	4	实训地点		指导教师	
实训学生					

- 我通过以下方式为项目工作做出了贡献：

- 在这个项目中，对我来说比较困难的事情有：

- 改变这种困难的状态我可以采取以下方法：

- 我需要做以下一些事情，使我们项目的工作更加高效：

职场故事连载——任重道远 2

行政部同时接受了两个调查任务，何雨竹把任务交给了余安妮和朱槿两人来负责，余安妮负责在校大学生网络游戏状况的调查，朱槿负责在校大学生手机 App 装机及使用情况的调查，每人配 3 个助手，她自己则负责统筹协调。

这天早上行政部开了一次调查筹备会，李洛寒专门到场来给大家打气。

李洛寒首先发言，他表示，虽然这两次调查，并不是大规模、全方位的市场调查，属于摸底性质，但调查的结果对公司下一步的决策有很大的意义。调查的重点将放在本市的 6 所高校上，通过对这 6 所学校相关数据的分析，管中窥豹，大概掌握目前在校大学生这两个方面的基本情况。然后，公司再进一步决定是否需要邀请专业公司进行全面调查。

他强调，如果调查结果不真实、不科学，可能会给公司投资造成损失，甚至会错失商机，所以请各位同事务必认真对待。

接下来，余安妮和朱槿分别汇报了调查的准备工作，她们两个不约而同地想利用现代网络调查工具进行调查，这样可以大大提高调查的效率，也省去了大量的数据统计工作。但如何能够深入各高校开展工作，她们还没有很好的办法。现在的学生对这样的一些调查活动，比较排斥，参与度不高。如果能够提供小礼品，效果当然会好一些，但这样一来会提高成本，二来耗费的精力也会比较大。

何雨竹提出了自己的想法，她建议与各校的官方学生组织联系，把这件事作为学生社会实践或校企合作的项目来做。这样学生的参与范围及参与的态度都会更理想，反馈的信息也会更加真实可靠。

余安妮和朱槿一听，觉得非常有道理，会后马上就去联络了。

任务三　新媒体文案写作及展示

实训准备

模　　块	五	任务编号	5-3	任务名称	新媒体文案写作及展示	
实训课时	4	实训地点			指导教师	
实训学生						
实训目的	掌握新媒体文案写作的规律和技巧，能够独立完成微信公众号文案的写作，能够制作 H5 页面的邀请函					
提交资料	1. 微信公众号推文 2. H5 页面的邀请函 3. 全部实训档案					

实训案例

一个学期的实训接近尾声，相信同学们在这个学期的实训过程中有了很多的收获和体会，是不是朝着职业人的道路又进了一步。

是时候总结一下了。

这次总结，请大家充分利用各自的微信公众号，把这个学期的实训的照片、小视频配上活泼有趣的文字，加上“企业秘书成长记”“好秘书是怎么炼成的”等醒目标题，好好宣传推广一下。

最后，一定要办一个总结会，让相关领导、老师来欣赏一下同学们的实训成果和职业表现。在总结会前，要先做一份 H5 页面的邀请函。

预祝总结会圆满成功！

实训任务

任务列表

1. 完成各个公司实训课程的总结回顾文案。
2. 对文案编辑完成后，在各自的公众号上推出。
3. 制作实训课程总结会的 H5 页面的邀请函。
4. 将本学期全部的实训档案进行归档。

任务要求

1. 总结文案应图文并茂，最好能有小视频，增加生动性、趣味性。
2. 总结文案符合新媒体文案写作的特点，能抓住总结会的看点进行宣传推广。
3. H5 页面邀请函画面精美、文字简洁、重点突出、有吸引力。
4. 归档文件齐全完整、整理有序，最后在总结会上进行展示。

知识回顾

（一）新媒体文案写作技巧

新媒体文案写作即通过新的媒体形式进行的文案写作，并利用新的媒体形式进行信息传播。新媒体的“新”表现在 4 个方面：新视角、新观点、新表述、新渠道。在网络媒体时代，人人都可以是内容的制作者和传播者。

现代企业非常重视新媒体的作用，常常会借助新媒体来推广企业文化、传递企业动态、营造舆论环境、制造社会热点、引导公众观念……这些工作往往是由秘书及相关人员来完成的。因此新媒体文案写作及展示能力，也成为新时代秘书人员的必备技能。

1. 新媒体文案写作思维

要了解新媒体文案写作思维，首先要了解新媒体得以存在的互联网思维，互联网思维是在移动互联网、大数据、云计算等科技不断发展的背景下，对市场、产品、企业价值链乃至整个商业生态进行重新审视的思维方式，其本质是商业回归人性。

（1）用户思维。要想写的文章具有一定的影响力，需要先让用户关注自己，并愿意分享自己的文章。从用户思维角度思考，什么样的文章愿意转发、会感兴趣？答案是有价值的文章。用户认为这篇文章对自己有价值，给自己带来启发或者愉悦，就会关注，认为这篇文章对别人有帮助、有价值，就会转发。

（2）简约思维。抓住产品的一个卖点进行直观化宣传，并不断完善更新。一则文案只写一件事情，并将这件事情通过细节案例表述清晰。

（3）求异创新思维。新媒体文案写作目的首先是吸引用户的注意力，让用户点击、阅读、认同并转发。要做到在海量文案中凸显自身的优势和亮点，就必须找到与同类文案的区别之处，进行创新性描述和表达。

（4）极致思维。新媒体文案的写作不是件容易的事，要在规定时间内推出阅读量、点赞数都很高的作品，从而树立品牌形象，提高产品销量，这不但需要专业技能作支撑，而且要有极强的抗压能力，有把任何事情都做到极致的态度。

（5）迭代思维。通过用户的反馈，不断试错，在持续迭代中完善产品。新媒体文案的写作，尤其是自媒体文案的写作，更重视迭代思维。按照既定方向，不断在垂直领域发表观点；根据用户反馈，及时修正下一篇文案的写作思路、语言风格及主题呈现方式等；按照用户阅读习惯，形成固定时间推送文章的习惯。

（6）流量思维。在创作新媒体文案过程中，要考虑流量从哪里来、引到哪里去，如何增加流量，如何提高流量转化率。这些不仅对创意有要求，同时也对运营和写作能力有要求。

（7）社会化思维。新媒体文案写作人员把用户当作真正的朋友，设身处地为用户考虑、为用户解决问题，基于平等的双向沟通，相互协作、影响，重视口碑营销，重塑企业与用户的沟通关系。

（8）大数据思维。策划新媒体文案前要明确用户定位，写作完成后要根据相关数据进行分析。定期进行数据分析可以帮我们总结问题与经验，明确下一步的发展方向。互联网时代，大数据可以帮助我们解决很多问题，如定方向、降成本、省开支等。

2. 新媒体文案写作要点

（1）新媒体文案标题拟写技巧。

① 以用户感兴趣或者对用户有用的词作标题，如“痛点”“痒点”。

② 制造悬念+利益吸引：满足用户的好奇心。

③ 挑战常识，逆向思维。

④ 紧跟社会热点。

⑤ 文字足够有趣，适度夸张，具象表达。

⑥ 多用用户常用的词，说用户想说的话；多用短句，少用长句，并且要学会断句。

（2）新媒体文案内容的写作技巧。

① 新媒体文案开头写作。常见的新媒体文案开头有以下几种：故事、出人意料的言论、事件+背景、专家或者当事人的言论、第一人称叙述、突破常识的认知、现场观察等。

② 新媒体文案正文写作。根据文案素材和写作思路不同，新媒体文案的正文呈现形式也有所不同。常见的新媒体文案正文有以下几种呈现形式：新闻式、故事式、悬念式、片段组合式、层层递进式、欲扬先抑转折式等。

（二）微信公众号文案的写作和发布

通过微信公众平台，企业既可以进行品牌宣传和营销活动推广，也能够实现企业管理。所以，秘书人员要善于利于微信公众平台，进行相关文案的写作与发布。

1. 微信公众号文案的写作

（1）明确定位。运营微信公众号前，要先明确公众号的定位。一般情况下，要考虑以下 4 个方面的内容。

① 选择公众号的类型。运营者要根据自身情况选择公众号类型，如果是自媒体商家，选择订阅号；如果是以服务为主的行业，选择服务号；如果是进行企业内部管理，选择企业号。

② 明确内容定位，一是所运营的公众号是做什么的；二是目标用户是谁。

③ 竞争策略定位。微信公众号成为目前比较火热的一种营销工具，要在海量微信公众号中脱颖而出，就必须打造独具特色的微信公众号，这就需要微信运营者提供差异化的产品和服务。

④ 内容表现形式定位。在微信公众平台上，企业展示内容的形式主要是文本、图片和视频。除了解这三种常用形式外，还要对微信公众平台的内容的其他表现形式有一定的了解，如 HTML5（简称 H5）页面展示内容、微信语音推送等。根据目标用户的阅读习惯和阅读需求来确定内容表现形式。

（2）文案标题的写作。用户是否会打开一篇文章，很大一部分原因取决于标题质量的好坏，所以一个好的标题对阅读量的提升至关重要。公众号文案标题的写作可参考新媒体文案标题写作技巧，做到标题有趣、有料和有用，吸引用户阅读和分享。

具体写作策略：

① 适度结合热点，切入点独到；

② 文章与“我”相关，对“我”有用；

③ 文字轻松、幽默。

（3）正文的写作。公众号文案正文的写作模式、写作思路与新媒体文案的写作模式、写作思路一致。

（4）摘要的写作。摘要是对标题和正文内容的补充。有些文案标题，用户不容易读懂真正的内涵，而摘要能起到补充和提示的作用。用户可以通过阅读摘要，快速获取文案信息，所以，摘要的写作要结合文案标题与正文内容，达到更好传递文案主题、明确文案核心态度及深层意境的目的。

微信公众号摘要字数要控制在 120 字以内，如果没有写摘要，那文章开头部分的前 54 个字会自动生成摘要。摘要只有在单图文类型的文案时才会显示，多图文类型的文案不显示摘要。

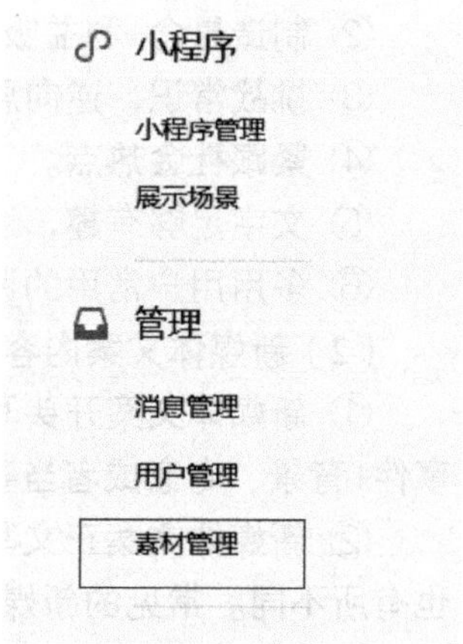

图 5-5

2. 微信公众号文案的发布

（1）登录微信公众平台，在微信公众平台左侧栏目“管理”中单击“素材管理”，如图 5-5 所示。

（2）在素材管理中，单击“新建图文素材”，如图 5-6 所示。

图 5-6

（3）单击“新建图文素材”后进入发文页面，如图 5-7 所示。按要求填写好“标题”“作者”“正文”“原文链接”“封面及摘要处理”等栏目。

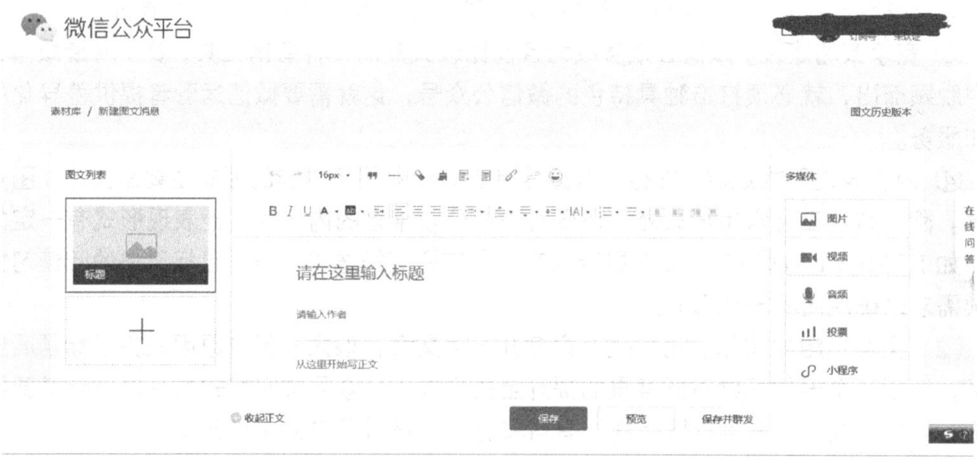

图 5-7

如果正文需要配图，在写作界面的右侧有许多选项，单击“图片”选项，可以选择本地计算机的图片，如图 5-8 所示。

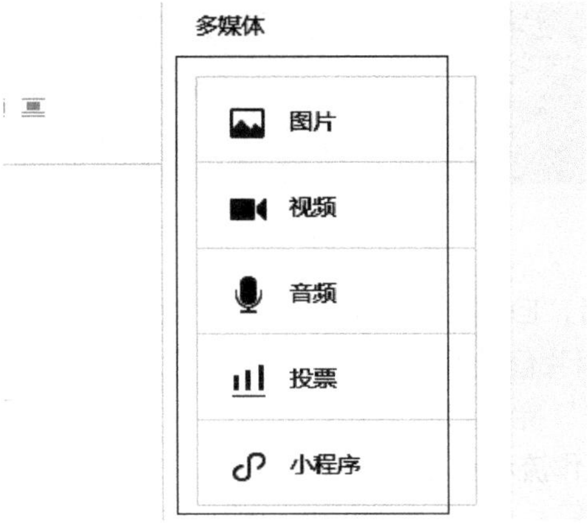

图 5-8

（4）编辑完成后，保存并群发。在写作页面的最下面处，选择保存并群发，然后，选择好文章的类型完成微信公众号文章的发布。

3. 微信编辑工具的使用

目前，微信编辑工具主要分为两大类：一类是公众号插件，如微信中的“壹伴”；另外一种是外链排版工具，如 135 编辑器、秀米编辑器、i 排版、96 微信编辑器、小蚂蚁编辑器、有丝编辑器等。使用频率较高的是外链排版工具中的秀米编辑器和 135 编辑器。

以秀米编辑器为例，它的操作流程介绍如下。

（1）注册秀米编辑器。

（2）新建一个图文，如图 5-9 所示。

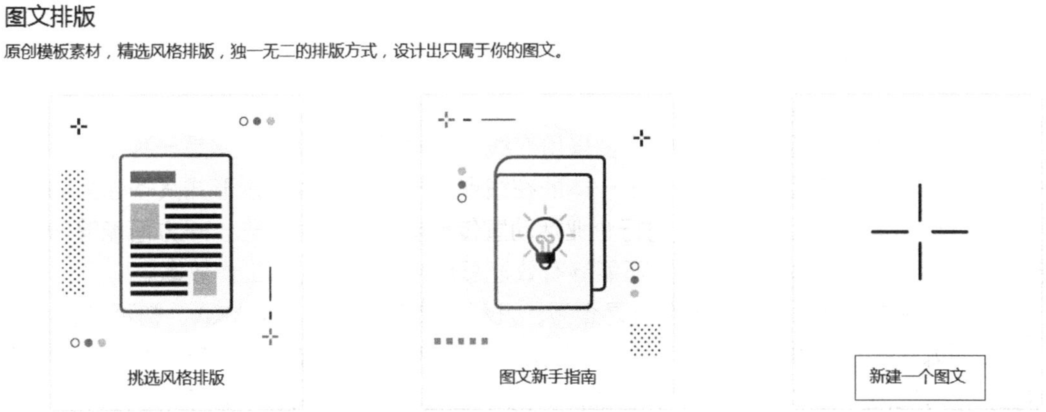

图 5-9

（3）进入编辑主页面，在主页面中，“标题”“单图”“多图”“背景图”“卡片”“分割线”是微信公众号文案版式编辑的基本要素，如图 5-10 所示。可根据微信公众号文案内容和设计要求，选择恰当的要素进行编辑。

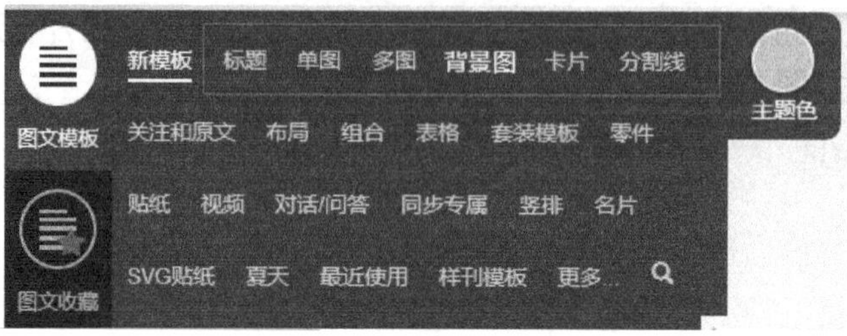

图 5-10

（4）完成正文编辑后，回到正文呈现页面，在对应方格中填入文案标题、摘要，如图 5-11 所示，单击左侧图片修改封面，然后完成图文信息的保存；完成文案的预览工作；最后通过“授权到公众号”完成授权工作。

秀米编辑器的更多操作流程可参见其官方网站。

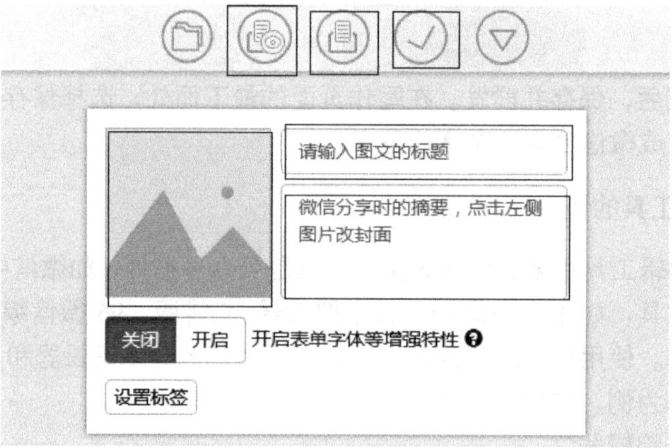

图 5-11

（三）H5 页面的特点

企业重大活动、招聘广告等宣传多采用在线 H5 页面方式展示，这是一种集文字、图片、音频、视频、链接等多种形式于一体的在线展示形式，这种展示形式具备强大的交互和数据分析功能。采用 H5 页面进行企业活动宣传或者发布招聘广告，一方面能够增强信息传递的动态感和立体感，另一方面能够有效汇总后台数据，提高工作效率。

常用的 H5 页面设计制作平台有易企秀、凡科微传单、兔展、MAKA、初页等。

在新媒体平台刚刚兴起之时，H5 页面以其视觉、听觉、触觉等多种感官相结合的丰富体验，一时成为一种“视觉奇观”，引发用户竞相追随和转发。经历了几年的发展，人们从满足好奇心的猎奇需求转变为对内容和版式的审美需求及一定的营销推广需求。这促使 H5 页面形式向着更加成熟和多元方向发展，其页面特点也逐渐显现出来。

（1）呈现形式多样化。H5 页面一大亮点在于其丰富的信息呈现形式，从简单的图文二合一到文字、图片、音频、视频等多种形式组合，丰富多彩地呈现信息内容。这种转变不但提升了 H5 页面的信息容量，而且多种感官相结合，巩固了浏览者记忆效果，提高了信息传播效率和传播效果。一个成功的 H5 页面往往集合了精练的文字、高创意的策划与设计、与调性相契合的音频及其他技术手段。例如，曾经刷爆朋友圈的“围住神经猫”“全民找祖名”等，内容新颖、形式有趣、互动体验丰富，赢得了较多用户的关注。

（2）交互性强。简单来说，交互性是指在网络传播过程中，用户通过多种输入和输出方式，与系统或者其他用户在一定程度上直接进行双向交流。从传播模式来看，传播者发出信息，并通过用户的反馈来确认传播的效果；用户不但接收信息，而且也会根据自己的理解做出相应的反馈。按照交互时间不同，交互可分为同步交互和非同步交互两种类型。同步交互是一种实时性的交互，即用户在接收信息的同时进行反馈，传播者可以即时获得反馈。

H5 页面具有强大的同步交互功能，一方面，用户可以选择自己感兴趣的主题进行查看，另一方面用户可以通过评论功能与传播者或者其他用户就一个话题进行讨论。而且，用户可以直接在 H5 页面上填写传播者需要的信息，实时生成传播数据，方便传播者查阅。

（3）上手较快，操作简单。制作 H5 页面的常用平台所提供的各种功能都比较相似，如文字编辑、图片编辑、视频编辑、超链接的加入及作品发布与预览效果等基本都是一键生成。

（4）模板众多。制作 H5 页面常用平台一般都会提供免费或付费的招聘、邀请、活动宣传等各类主题模板，用户也可以上传自己的作品到平台上供其他用户参考或使用。

（四）使用易企秀平台制作邀请函

1．制作形式：图文并茂，要具备宣传功能

首先选择符合邀请主题的背景模板，一般都带有与主题相关的背景音乐和背景图片。除此之外，邀请函中的时间、地点、主题的呈现方式要多样化。时间可以用直接文字形式、日历形式等呈现；地点可以用文字形式和地图导航形式呈现。主题呈现有文字形式、图文结合形式及图文与视频结合形式等。根据主题需要，可以选择设置评论、留言功能、特效功能及一键拨打电话功能等有效实现互动；根据宣传需要，可以在邀请函中插入短视频、产品链接等，进行相关宣传。

2．内容展示：创意、丰富和高互动性

（1）标题制作有新意。要符合新媒体文案标题制作的要求，突出有用性和有趣性，吸引受邀方查看，一般不建议直接用“邀请函”作为标题，而应该采取更加灵活、有吸引力的标题，如“给文秘人送福利啦！”“全国文秘骨干教师培训班即将开始！”等。

（2）正文内容丰富，并有相关图片展示。H5 页面邀请函的正文，除了写明时间、地点和主题，一般还会用突出关键词、图片和视频对本次活动做介绍，对往期活动做总结，对承办方资质做宣传等。

（3）重视互动效果，邀请函要具备留言评论、点赞、投票、一键拨打电话、在线报名、超链接、特效等功能，以有效与用户进行实时互动。

3．易企秀平台邀请函制作步骤

（1）内容构思阶段。创意是 H5 页面邀请函的灵魂，所以 H5 页面邀请函除传达时间、地点、主题和参加人 4 要素外，还要讲故事、传达理念和品牌文化等。找到产品调性与用户需求契合点，制作有趣和有用的邀请函，吸引他们参加活动、参与互动，并进行转发和

传播。

① 构思标题。邀请函标题写作与新媒体文案标题写作思路与技巧一致，此处不再赘述。

② 构思正文。企业活动类邀请函正文除了包含传统邀请函中的时间、地点、主题，还可以增加具体议题、主讲嘉宾介绍、活动亮点剖析、往期活动回顾、相关网站超链接、留言问答等要素。

（2）内容呈现阶段。

① 注册易企秀。打开易企秀网页，在网页右上角找到"注册"按钮，可以选择"微信注册"、"手机注册"和"其他注册"三种方式进行注册。

② 选择场景模板。在易企秀个人界面上，可以选择"免费模板"，再进一步查看平台所有的免费模板邀请函。选择好邀请函模板后，再根据具体内容和策划思路进行编辑制作。编辑完成后，可以预览设计、保存和发布。

实训任务检测

姓　名		完成时间		所属小组	
标准分值/分	考核项目		小组给分	教师给分	建　议
10	文案写作生动有趣				
10	文案图文并茂				
10	文案能够提炼总结会的看点与特色				
10	文案宣传推广效果好				
10	H5 页面邀请函图文并茂、画面精美				
10	H5 页面邀请函有创意、有吸引力				
10	H5 页面邀请函内容条理清楚、重点突出				
15	本学期实训档案资料齐全完整				
15	本学期实训档案整理有序				

实训总结

模　块	五	任务编号	5-3	任务名称	新媒体文案写作及展示
实训课时	4	实训地点		指导教师	
实训学生					
● 我通过以下方式为项目工作做出了贡献：					

续表

● 在这个项目中，对我来说比较困难的事情有：   ● 改变这种困难的状态我可以采取以下方法：   ● 我需要做以下一些事情，使我们项目的工作更加高效：

实训案例

阳光公司原来有一个微信公众号，但主要面向内部员工，影响力有限。李洛寒为了扩大公司的社会影响力，树立公司形象，向客户传递公司的信息，赢得更多的人气，决定推动公司微信公众号的运营。如果效果好，他准备在公众号上增加在线购买、活动宣传、人才招聘、商品促销、互动交流等系列功能。

公司公众号原来由行政部代管，却没有专人负责，行政部人员都可以在上面发文，但没有统一的风格，文章比较零乱，缺乏系统性。大家忙的时候，公众号可能几个星期都不更新。

经过商议，公司任命朱槿为公众号总编，除日常秘书工作外，主要负责公众号的运营，其他几个同事可以在新闻线索、热门话题、资料素材等方面予以支持。

这天余安妮看到朱槿，开玩笑地说："总编的感觉怎么样？比小编厉害多了吧。"

朱槿说："安妮姐，别笑话我了。李总的要求高，压力好大。"

余安妮说："你虽然只比我晚一年毕业，但你们新开了'新媒体编辑'的课，现在不是正好用上了。"

朱槿说："你还别说，那门课还真有。不过，就算再会写文案，再会编辑，点击率也没法很快上来。这几天的几篇推文，点击率才两位数。"

余安妮说："也是。不过这事急不得，我觉得，一方面文章的质量要提高，要有吸睛的魔力；另一方面推广要跟上。不过推广的事，光靠你一个人坐在办公室里想，也是不行的。"

朱槿说："就是，就是。我就算把七大姑八大姨都拉来点赞，也增加不了几个数。"

朱槿把她们的困惑向何雨竹进行了汇报，经过研究，行政部向李洛寒提出了两点建议。

1. 在公众号上加入部门动态与考评的栏目，发动各部门把工作动态发布在公众号上，并定期推出考评成绩。

2. 增加客户指南栏目，每周都向客户推送公司的服务和产品，并定期组织客户联谊活动、优惠活动。

李洛寒非常认可这两点建议，同时也提出，在文章中减少一些"健康养生""心灵鸡汤"之类的内容，让公众号的内容更加专业。

经过几个月的努力，公众号的关注度终于突破万数，朱槿这个总编心里才算踏实了。

参 考 文 献

1. 谭一平. 秘书人际关系与沟通实务. 北京：外语教学与研究出版社，2009.
2. 向阳. 会议策划与组织. 重庆：重庆大学出版社，2019.
3. 向阳. 档案工作实务. 北京：北京大学出版社，2015.
4. 卢海燕. 办公室事务管理. 北京：中国人民大学出版社，2015.
5. 王玉霞. 办公室事务管理. 北京：清华大学出版社，2013.
6. 李强华. 办公室事务管理. 武汉：华中科技大学出版社，2011.
7. 孟庆荣. 秘书工作案例及分析. 北京：清华大学出版社，2007.
8. 林静. 管理秘书实务精讲与实训. 北京：清华大学出版社，2010.
9. 余红平. 秘书信息与档案管理实务. 北京：外语教学与研究出版社，2011.
10. 王凌. 新编商务秘书实务. 北京：电子工业出版社，2014.
11. 谭一平. 一个外企女秘书的日记. 北京：学苑出版社，2003.
12. 李可. 杜拉拉升职记. 西安：陕西师范大学出版社，2008.
13. 中国就业培训技术指导中心. 秘书——国家职业资格培训教程. 北京：中央广播电视大学出版社，2014.
14. 金正昆. 商务礼仪教程. 北京：中国人民大学出版社，2009.
15. 胡泓杰. 办公室事务管理. 北京：中国人民大学出版社，2010.
16. 杨灿荣. 公共关系与商务礼仪. 北京：中国财政与经济出版社，2011.
17. 李容建. 外国习俗与礼仪. 武汉：武汉大学出版社，1996.
18. 联合国贸易网络上海中心. 如何与外国人打交道：海外商务文化习俗礼仪指南. 北京：世界图书出版公司，2009.
19. 陈倩倩. 新媒体方案写作与编辑. 北京：中国人民大学出版社，2019.